이 책은 인문학자이자 인류학자인 르네 지라르의 모방욕망 이론으로 성경을 해석한 흥미로운 책이다. 더 흥미로운 것은, 다소 딱딱하게 보이는 인문학 이론을 저자의 전공인 성서학과 영성학에 적용시켜 풀어 갔다는 점이다. 또한 목회 현장에서 성도들을 지도하는 목사요 영성 지도자로서 삶의 고민들에 근거를 두고, 욕망과 종교와 갈등(폭력)과 문화의 문제를 현장감 있게 집어 주고 있다는 점이다. 그래서 이 책을 읽다 보면 인문학적 소양과 성경적 깊이와 영성적 성찰을 겸하여 얻게 되는 유익도 볼 것이다.

저자의 안내는 자신의 갈망을 찾지 못한 채 그저 남의 욕망을 모방하기만 하는 대다수의 현대인에게 영성적 성찰을 가져다 줄 것이고, 성경을 구속론적으로 읽기에만 익숙했던 성도들에게는 인문학적 읽기의 즐거움을 제시할 것이다. 또한 사회 곳곳에 만연한 갈등과 폭력의 문제를 가슴 아프게 바라만 보던 현대 지성인들은 그 기저에 깔린 모방욕망의 메카니즘을 직시하며 기도하는 시간을 갖게 될 것이다. 저자는 욕망의 악순환이 하나님의 말씀(스토리의 힘) 앞에서 어떻게 치료되고 있는지 설명하면서 말씀으로 기도하기(렉시오 디비나)를 제안한다. 이런 영성적 제언은 교회 공동체에도 만연한 사탄의 모방욕망을 끊고, 자신과 공동체 안에 숨어 계신 하나님을 발견하는 건강한 영적 대안이 될 수 있을 것이다.

김경진 | 소망교회 담임목사

이 책은 인문학자이자 인류학자인 르네 지라르의 모방욕망 이론 mimetic desire을 통해 성경을 새롭게 바라보고 읽어 내는 방식을 보여 준다. 우리 안에 있는 다양한 갈망들, 인정받고 싶고, 소비하고 싶고, 다르게 살고 싶어하는 다채로운 욕망 속에서 어떻게 살아가야 하는가를 목회자이자 신학자의 눈으로 제시해 주고 있다. 건강한 신앙은 내 안에 있는 갈망을 정직하게 바라봄에서 시작된다. 저자는 아브라함, 가인, 야곱과 에서, 요셉과 그의 형들, 다윗, 예수님 시대를 살아간 다양한 인간 군상들이 지닌 욕망의 정체를 드러내고, 그러한 욕망을 어떻게 다스리면서 믿음의 길을 살아 낼 수 있는가를 보여 준다. 또한 그 길을 살아갈 수 있는 실천적인 영성 훈련의 길을 제시한다. 그런 점에서 이 책은 이론과 실천이라는 두 지평이 어떻게 조화롭게 만나 우리 신앙생활 속에서 역동적으로 작동할 수 있는지 또한 보여 주고 있다.

두터운 신앙과 신학을 통해, 세상 속에서 복음적 삶을 살아가는 신앙인들과 교회 공동체가 되고자 한다면 이 책이 선사하는 새로운 세계와 함께하기를 바란다. 건강하고 새로운 설교적 통찰에 목말라 하는 설교자들에게, 또 성숙한 신앙인의 길을 살고자 하는 모든 신앙인들에게 이 책은 귀한 선물이 될 것이다.

임성빈 | 교수, 전 장로회신학대학교 총장

이 책의 제목인《욕망과 영성》의 상관관계는 무엇일까? 통념적으로 이 둘의 관계는 당연히 적대관계이다. "육체의 소욕은 성령을 거스르고 성령은 육체를 거스르나니 이 둘이 서로 대적함으로"(갈 5:17)라는 말씀대로이다. 그러면 육체를 지닌 인간이 영적인 사람이 되기 위해서는, 육체의 욕망을 완전히 제거할 수는 없기에 할 수 있는 만큼 그 욕망을 억제해야 가능하다. 그러나 저자는 르네 지라르의 '모방욕망 이론'에 비추어서 그것은 가능하지도 않고, 또 건강하지도 않은 방식이라는 통찰을 제시하고 있다. 왜냐하면 억누른 욕망은 모방욕망으로 분출되어 자신의 욕망을 다른 사람들에게 투사하고 그 사람을 희생양으로 삼는 결과를 초래할 수 있기 때문이다. 그 결과는 때로 폭력적 사태를 낳기도 하고, 동시에 자연스러운 욕망을 죄악적인 원흉으로 만들어 버리기도 한다. 그러므로 욕망과 영성을 대적관계로 몰아가는 것은 미성숙한 영성인을 양산해 내는 지름길일 뿐이다.

그래서 저자의 입장에서 볼 때 '욕망과 영성'은 동반자 관계여야 한다. 그러나 욕망 그 자체가 곧 영성의 동반자가 될 수는 없고, 욕망이 자기 몸에 달라붙은 한 지체임을 인식하고 자각함으로써 그 욕망을 선한 방향으로 승화시켜 거룩한 갈망과 열망이 될 때에, 영성의 동반자가 된다. 저자는 이 점에 착안하여 성경의 다양한 인물들, 특히 선과 악의 대결구도를 만드는 상대적인 인물들의 삶의 방식들을 통하여, 그 욕망이 구체적으로 어떻게 승화될 수 있는지를 생생하게 보여 주고 있다. 그리고 곳곳에서 신학적 담론을 이어감으로써, 본 저서가 단순히 욕망에 대한 심리학적 성찰을 다룬 책이라는 오해를 불식시켜 주고 있다. 때문에 보다 역동적인 신학을 경험하고 싶어하는 신학생들이나 목회자들에게 상당한 유익을 줄 것으로 사료된다. 그리고 자신의 욕망의 실체를 들여다보면서, 그 욕망을 디딤돌로 삼아 성숙한 영성인의 삶을 꾀하고자 하는 모든 사람들에게 숙독 혹은 훈련용으로 기꺼이 이 책을 권하고 싶다.

유해룡 | 모새골공동체교회 담임목사, 전 장로회신학대학교 영성학 교수

이경희 박사의《욕망과 영성》은 저자의 연구와 목회 경험이 잘 어우러진 역작이다. 르네 지라르의 모방욕망 이론이 성경을 묵상하고 해석하는 데 효과적인 렌즈로 어떻게 사용될 수 있는지 성경에서 예를 들어 구체적으로 보여 준다. 이 책은 먼저 모방욕망 이론을 누구나 쉽게 이해할 수 있도록 설명한다. 왜 페이스북을 보다가 순간적으로 시기와 질투에 사로잡히게 될까, 왜 특정인에 대한 집단적 혐오와 따돌림이 발생하고, 국가 간에는 전쟁과 같은 일이 끊이지 않고 일어날까, 그리고 왜 다수의 종교들이 희생제물을 바쳐야 한다는 신념을 갖게 되었을까 등과 같은 질문에 대해 명쾌하고 신뢰할 수 있는 답변을 제공한다.

더 나아가 이 책은 모방폭력이나 거짓된 신성화라는 파괴적인 길을 선택하지 않고 자유, 생명, 그리고 평화를 지향하는 '제3의 길'을 선택한 성경의 인물들을 삶의 모범으로 제시한다. 개인적으로 성경을 묵상하고 적용할 때 도움이 되는 참고서이며, 교회 성경공부 모임에서 함께 읽고 토론하기에 유익한 가이드북이다. 각 장의 마지막에 있는 토론 질문과 책의 말미에 있는 '거룩한 읽기'(렉시오 디비나) 안내는, 목회자 및 성경공부 인도자가 사역 현장에서 사용하기에 더할 나위 없는 도구이다. 아울러 이 책은 기독교 영성학의 중요한 주제인 성경적 영성Biblical Spirituality의 교본이라고 할 수 있다. 기독교 영성을 연구하는 학자들과 학생들에게도 큰 도움이 될 것이다.

이강학 | 횃불트리니티신학대학원대학교 실천신학/기독교 영성학 부교수

욕망과 영성

이경희 지음

르네 지라르, 성경, 기독교 영성

차례

작은 갈망을 향유하는 축복

그대의 몸이 축복받기를.

육체가 영혼의 충실하고 아름다운 친구임을 깨닫게 되기를.

그대에게 기쁨과 평화가 함께 하기를.

그리하여 그대의 감각이 성스런 출발점임을 알게 되기를.

신성함이란 깨어 있는 마음으로 보고, 느끼고, 듣고, 접촉하는

　　것임을 깨닫게 되기를.

그대의 감각이 그대를 불러 집으로 데려가기를.

감각을 통해 지금 그대 안에 있는 우주와 신비, 가능성을

　　찬양하게 되기를.

무엇보다 대지의 사랑이 그대를 축복하기를.[1]

－육체를 위한 기도

우리는 간혹 영혼은 하나님의 소통 통로인 반면, 육체는 죄를 짓는 도구라는 생각을 가지고 사는 듯하다. 그래서 내 육체가 좋아하는 (사실 내가 좋아하는) 쉼, 여행, 쇼핑 등을 하려 할 때, 우리는 갈등한다. '이렇게 쉬어도 되나? 이렇게 좋은 곳을 다녀도 되나? 이런 물건을 사도 되나?'라는 마음의 불편함, 더 나아가 죄책감을 갖고는 한다. 물론 이런 경계의 마음은 우리를 돌아보게 하는 시금석이 될 수 있다. 그러나 지나친 억압과 자유하지 못하는 마음은 신앙의 이분법적 골을 더욱 깊게 만들 뿐 아니라 결국 나의 뿌리 깊은 욕망을 숨기게 만든다. 그래서 신앙의 연수가 오래되고 신앙 좋다는 평가를 받는 사람일수록 육체의 갈망을 모두 거세당한 것처럼 살아간다. 마치 육체가 느끼고, 듣고, 접촉하는 모든 감각들은 모조리 마취당한 사람처럼 살면서 내 몸의 갈망을 억누르는 것이 건강한 신앙이라고 착각한다.

그러나 건강한 신앙은 서두에 소개한 존 오도나휴의 시처럼 내 육체의 갈망을 복된 것으로 여기고 그것을 하나님 안에서 잘 다루는 것이다. '왜 나는 시간만 생기면 이런 일을 하려고 하지?' '왜 나는 하루에 한 시간씩 인터넷 쇼핑몰에서 시간을 낭비하지?' '왜 요즘 부쩍 자녀에게 잔소리가 심해지지?' '왜 빚을 내면서까지 주식에 올인하는 걸까?' '왜 자꾸 나를 칭찬해 주는 사람들과만 함께 하려 하지?' 이 질문들은 사실 내 안의 갈망을 보여 준다. 그리고 우리는 늘 이런 갈망을 마주하며 살아간다. 이러한 내 몸의 갈망, 예를 들어 물건을 사고 싶은 갈망, 인정받고 싶은 갈망, 성적 갈망 등을 없는 척하거나 생기는 대로 잘라 버리는 것이 건강한 신앙의 모습은 결코 아니다. 건강한 신앙은 내 갈망을 '다루는 것'이다. 그렇지 않으면 욕심이 가득한 갈망, 즉 욕망으로 진화한다. 갈망 자체는 내게 주신 하나님의 건강한 불, 열정인데, 그 갈망을 다루지 않으면 치우친 욕심(정념)이 되는 것이다.

이 책은, 그 갈망을 다루지 못한 성경 속의 인간 군상들이 어떻게 욕망의 사람으로 진화되어 가는지 보여 준다. 그것은 수천 년 전의 이야기일 뿐만 아니라, 성경을 바이블(기준, 척도)로 믿고 살아가는 지금 우리의 이야기이다. 가인처럼, 야곱과 에서처럼, 요셉과 그의 형들처럼, 룻과 보아스처럼, 다윗과 주변인들처럼, 예수님을 죽이려 했던 사람들처럼, 우리도 우리의 갈망을 살피고 다루지 않으면 어느새 욕망의 사람이 되어 나와 다른 사람들을 몰아세우게 된다. 그러므로 성경의 이야기와 인물들을 통해 우리 자신을 보자는 말이다.

성경에 나오는 인물들의 욕망 그리고 성경을 읽는 나의 숨겨진 욕망을 더 잘 살피기 위해 현미경 같은 특별한 렌즈의 도움을 받고자 한다. 그 렌즈는 인문학자이며 인류학자인 르네 지라르René Girard의 모방욕망mimetic desire 이론이다. 이 이론을 우리의 갈망을 살피는 렌즈로 사용할 예정이다. 우리가 우리의 갈망을 잘 다루지 않으면 자신이 정말 무엇을 원하는지도 모른 채 남의 것을 그저 모방하며 살아가기 바쁘다는 이론이다. 1부에서는 창세기 14장의 세계대전 상황에서 어떻게 롯이 이방인으로서 자기 안전과 출세 욕망에 사로잡혀 성공을 구가하며 살았는지, 그러나 똑같은 상황에서 아브라함은 어떻게 자기의 갈망을 다루면서 모방적 욕망의 길이 아닌 믿음의 길을 걸었는지 살펴볼 것이다. 그러면서 창세기 14장의 예를 통해, 어떻게 르네 지라르의 모방욕망이 우리 삶에 만연해 있는지 그리고 어떻게 이 모방욕망이 패거리 문화(짝패 문화), 희생양 메커니즘을 만들고 나와 사회와 공동체를 병들게 하는지를 살펴볼 것이다.

2부에서는 지라르의 모방욕망 이론을 성경의 인물들에 대입해 볼 것이다. 성경에는 셀 수 없이 많은 모방욕망 이야기가 등장한다. 그중 가인과 아벨, 야곱과 에서, 요셉과 그의 형제들, 룻과 보아스, 다윗, 포로 전·후기의 이스라엘 공동체, 예수님 주변의 인물들과 예수님의 이야기 등 연대순으로 성경 전반에 걸쳐 어떻게 모방폭력이 사회에 스며들어 우리의 눈을 멀게 하고 욕망의 사람으로 살게 하는지 살펴볼 것이다. 이렇게 연대순으로 보는 것이 의미 있는 까닭은, 가인과 아벨부터 시작된 모방폭력이 지금까지 우리 삶의 전 부분에 퍼져 있기 때문이다.

3부에서는 이 사탄적 토양인 모방욕망을 걷어 내는 방법에 대해 소개한다. 그것은 사무엘하 12장의 나단 이야기와 누가복음 24장에 나오는 예수님의 메시지의 힘이다. 이 메시지는, 내가 무엇을 좋아하고 무엇을 추구하는지 모른 채 군중 속에서 휩쓸려 살아가는 우리를 하나님 앞으로 데려가 스스로를 직면하게 해 준다. 다윗이 나단의 메시지로 인해 하나님 앞에서 자기를 직면한 것처럼, 예수님이 메시지로 제자들의 모방욕망을 보게 해 주셨던 것처럼, 우리가 생명의 메시지를 만난다면 세상이 던져 주는 모방욕망이 아닌 나의 진짜 갈망을 볼 수 있을 것이다.

그래서 마지막 장(12장)에서는 삶 속에서 자신의 갈망을 확인하고 생명의 메시지(성경)를 일상에서 만날 수 있는 '렉시오 디비나*Lectio Divina*' 영성 훈련을 제안한다. 이 영성 훈련을 통해 우리는 우리의 갈망을 잘 알아차리는 것, 남의 것을 모방하며 내 것이라고 속지 않는 것, 그래서 말씀 안에서 나를 직면하고 내 갈망을 잘 풀어내는 것, 하나님이 주신 다양한 열망의 꽃을 내 영혼의 정원에서 활짝 피게 하는 것이 얼마나 복된 일인지를 고백할 수 있어야 한다.

하나님의 축복은 크게 되지 않아도, 높아지지 않아도, 유명해지지 않아도 되는 것이다. 그저 내게 주신 작은 갈망, 육체를 통해 보고 느끼고 만지는 것이 다 하나님의 선물임을 알고, 그것을 통해 하나님의 신비한 사랑에 더 깊이 들어가는 것, 그것을 향유하는 것이 축복이라 하겠다.

이 글이 나오기까지 도움을 주신 분들에게 감사의 인사를 전하고 싶다. 먼저 깊은 말씀과 따뜻한 목회의 본을 보여 주시는 김경진 담임목사님과 동역의 기쁨을 알려 준 동료 부목사님들께 감사를 드린다. 또한 영성적 가치에 의미를 두고 책을 출판하는 비아토르에 감사의 마음을 전한다. 부족한 글이 품격 있게 완성된 것은 출판 관계자 여러분들의 손길 덕분이다. 무엇보다 사랑하는 가족들, 새벽마다 부족한 아들을 위해 기도하시는 어머니, 사랑으로 격려를 아끼지 않으시는 장모님, 연인이요 아남카라Anamkara인 아내, 믿음에 뿌리를 두고 멋지게 성장하는 아들 유업, 가정의 기쁨이요 아빠의 위로자인 딸 유리에게 감사를 전한다. 이 글은 나 홀로 준비한 싱글 앨범이 아니라 위의 분들과 함께 만든 공동 작품이기에 더욱 큰 의미가 있다.

이경희

기독교 영성과 르네 지라르

교회에 다니는 사람이라면 '영성'이라는 단어를 많이 듣는다. "저 권사님은 영성이 있어." "우리 목사님의 기도에는 영성이 묻어나요!" "포스트 코로나 시대에 영성으로 인도해 줄 교회는 어디 있을까?" 이런저런 말로 영성을 이야기하는데, 막상 영성이 무엇이냐고 물으면 딱히 정의하기 어렵다. 기독교 영성 분야의 큰 학자인 샌드라 슈나이더스Sandra Schneiders는 영성을 이렇게 정의했다. "영성이란 우리가 파악하는 궁극적 가치를 향하여 자기를 초월함으로써 온전한 삶을 추구하는 경험."[1] 더 어렵다. 그래서 영성이 무엇이란 말인가?

사실, 정말 중요한 것일수록 정의하기 어렵다. 예컨대, 사랑은 무엇인가? 진리는 무엇인가? 가족은 무엇인가? 한 문장으로 정의하기 어렵다. 정의한다 해도 정의하는 순간, 모순에 빠진다. 가족을 '나를 가장 잘 이해하는 사람'이라고 정의하는 순간, 가장 잘 이해하기만 하면 가족이라는 말이냐는 질문을 받게 된다. 이렇듯 중요한 단어를 정의내리기란 쉽지 않다.

영성과 물성

그런데 나름의 방법이 있다. 정의하고자 하는 것의 반대말을 찾으면 된다. 영성靈性의 반대말이 무엇일까? '영'의 반대말은 '물질'이다. 그렇다면 '영성'의 반대말을 '물성物性'이라고 해 두자.[2] 물성은 무엇인가? 물성이란 '물질에 매여 사는 성향'이다. 물성은 눈에 보이는 것에 붙잡혀 사는 성향이다. 누가 나보다 큰 집에 살면 부러워지면서 더 큰 집, 혹은 더 비싼 집에 살아야 한다는 생각에 붙잡힌다. 친구의 자녀가 좋은 직장에 취직하면 부러워서 잠이 안 오고, 집에 있는 내 자식에게 그 질투와 분노를 퍼붓는다. 비교의식에 빠져서 스트레스를 받기 시작한다. 지금 있는 것에 감사하기보다는 남과 비교해서 더 많은 것, 더 높은 것, 더 큰 것만 바라보며 살게 되는 것이 물성이다.

아주 오래되었지만, 우리 사회에 던져 주었던 충격이 워낙 컸던지라 곧잘 소환되는 사건이 있다. 아들을 특목고에 진학시킨 엄마가 아이를 혹독하게 몰아세우다 끝내 아이가 극단적 선택을 한 이야기이다. "이놈아, 이 성적 가지고 원하는

17

대학 갈 수 있겠냐?" 그렇게 엄마의 구박과 추궁을 지속적으로 받던 아이는 죽도록 노력해서 엄마가 원하는 성적을 받아 낸다. 그리고 그 성적을 엄마에게 보여 준 후 베란다에서 투신 자살을 한다. 그 아이의 교과서에는 딱 한 문장이 쓰여 있었다고 한다. "엄마, 이제 됐어?" 대부분의 부모들은 아이가 태어났을 때, 그 아이가 건강하게 자라기만을 기도한다. 그러나 점차 처음의 기도와는 다르게 아이들을 서로 비교하며 몰아세운다. 바로 이런 삶이, 눈에 보이는 물성에 붙잡힌 삶이다. 영성의 삶이 아니라 물성의 삶. 눈에 보이는 물질, 말하자면 집, 주식, 학벌, 부동산, 혼처 등이 더 커야 하고 더 높아야 하고 더 많아야 하는 삶을 추구하는 우리네 인생이 바로 '물성의 삶'이다.

대전의 한 식당 앞에 이런 문구가 내걸렸다.

아프거나 쉬고 싶을 때는 쉽니다.
MBC, KBS, SBS TV에 한 번도 방영되지 않은 집.

요즘 웬만한 식당치고 방송이나 신문에 나왔다는 액자 하나씩 걸어 두지 않은 데가 없다. 방송 타기 위해 돈을 준다는 말조차 공공연히 나도는 실정이니 말이다.[3] 그런데 대전의 이 식당 주인장은 세상의 물성과 매상의 압박을 끊어 낼 줄 아는, 즉 물성에 사로잡히지 않은 '식당의 영성'이 있는 사람으로 보인다. 식당의 영성만 있어도 매상의 욕망으로부터 자유로울 수 있다. 이렇듯 영성은 '매상의 가치가 아닌 궁극적 가치를 지향함으로써 우리의 내적 욕망으로부터 자유로워지는 것, 즉 자기를 초월하는 것을 추구하는 것, 그것을 경험하는 것'이다.

흔들리지 않는 자유, 기독교 영성

기독교 영성은 무슨 병을 고치는 것이거나 삼박자 축복을 꿈꾸는 것이 아니다. 이 세상이 추구하는 성공을 목표로 하는 것도 아니다. 기독교 영성은 그리스도 안에 계시된 하나님을 만나는 것이고, 교회 공동체 안에서 그리스도를 만나는 것이다. 예수님만 계시면 물성이 추구하는 세상의 가치관과 기준 앞에서도 흔들리지 않고 자유를 누릴 수 있는 것이다. 세상이 다 변하고, 믿었던 사람도 등 돌리고, 의지했던 사업마저 망할지라도, 그런 '물성 가득한 비본질'이 나를 뒤흔들려고 해도, 나는 예수님 때문에 평안할 수 있는 것이다. 그게 기독교 영성이다.

요한복음 12장에는 나사로와 마르다 그리고 마리아, 세 남매의 이야기가 나온다. 마리아는 값비싼 향유를 예수님 발에 부은 여인이다. 요한복음 12장 5절[4]에 보면 예수님에게 부은 그 향수의 가격이 자그마치 삼백 데나리온이라고 나온다. NIV 역본은 이 금액이 당시 남성의 1년 연봉이라고 말한다.[5]

19

그만큼 비싼 향유였다. 그런데 이 향수를 부은 마리아가 살았던 동네는 어떤 지역인가? 어떤 학자는 그 베다니라는 동네가 나병환자 시몬이 살았던 지역[6]이고 약자와 함께 머물기 좋아하셨던 예수님이 특히 자주 가신 지역인 만큼, 슬픔이 많은 곳이라고 추측한다. 동네 이름 '베다니'를 살펴보면, 히브리어로 '베이트'는 '집'이라는 뜻이고 '아니'는 '눈물'이라는 뜻이다. 즉 눈물이 마를 날이 없는 동네라고 볼 수도 있다. 고고학적으로 정말 나병환자가 많이 살았는지 알 수 없지만, 나사로와 마르다 그리고 마리아는 가진 것이 그리 많아 보이지는 않는다.

그런데 마리아는 어떤 연유인지 남성 연봉 값어치의 향수를 가지고 있다. 2023년 기준, 최저임금으로 계산해 보아도 1년 연봉은 대략 2,500만 원 정도 된다. 마리아는 그 향수를 갖고 있으면서 얼마나 안정감을 느꼈겠는가? 그 향수만 있으면 어려운 살림이어도 시집갈 수 있고, 집안의 위기 때 쓸 수도 있을 것이라고 생각하며 물성의 사람으로 살 수도 있었다. 그런데 마리아는 예수님에게 복음을 들은 후 물성의 사람이 아니라 영성의 사람, 그 비싼 향수를 아무렇지 않게 드리는 영성의 사람이 된다. 더불어, 다른 사람이 보지 못한 예수님의 죽음의 의미, 그분이 죽어야 인류를 향한 하나님의 계획이 완성됨을 깨달았다. 물성 너머 영성의 눈을 뜬 그녀는 자기가 가진 가장 귀한 것을 예수님에게 드린 것이다.

그렇게 할 수 있었던 것은, 향유보다 훨씬 귀한 분, 자신의 참자아를 찾게 해 준 분, 우주의 근본이신 분에게 눈을 떴기 때문이었다. 향유를 팔아 자신의 유익을 위해 쓰기보다 그분을 위해 자신의 것을 다 드리는 일, 그분의 죽음을 준비하는 일이 무엇보다 귀한 일인 줄 알았기에 아낌없이 드릴 수 있었다. 물성의 입장에서 보면 향유만큼 귀한 것이 없다. 물성의 사람 가룟 유다는 막달라 마리아를 판단했다. 더 유용하게 쓸 데가 있다는 그럴듯한 이유였지만, 사실 물성의 사람인 가룟 유다는 영성의 사람 마리아를 이해하지 못했다. 그러나 본질을 꿰뚫어 보신 예수님은 마리아의 고백과 행동을 받으시고 그 영성을 장려하신다.

> 예수께서 이르시되 그를 가만 두어 나의 장례할 날을 위하여
> 그것을 간직하게 하라(요 12:7).

물성에서 자유로워지면 기독교 영성에 눈을 뜨게 된다.

'거진이진'의 기독교 영성

그럼 기독교 영성은 내면과 본질을 추구하면서 이 세상의 물질과 삶은 부정해야 하는가? 기독교인들은 이분법적 혹은 이원론적 신앙을 가져야 하는가? 이 세상은 더럽고 세속적인 곳이고, 하나님은 영적이기에 교회만 하나님의 집이고 하나님은 영혼에만 거하시는 분인가? 그럼 돈 벌고 쇼핑하고 여

21

행하고 세상 직업을 가지는 것은 모두 속된 일이니, 우리는 본질만 추구하는 목사, 선교사, 평신도 전도자로 살아야 한다는 말인가?

아니다. 절대 그렇지 않다. 우리는 자주 이분법적으로 생각해서, 세상은 더럽고 오직 하나님의 일만 거룩하다고 여기곤 한다. 그러나 예수님은 거룩한 하늘에만 거하시면서 땅에 있는 죄인인 인간을 심판하지 않으셨다. 예수님은 하나님이셨지만 죄 많은 세상으로 육신을 입고 직접 오셨다. 성육화聖肉化하신 것이다. 몸carn/肉 안in으로 들어오셔서 사람이 되셨다化/in-carn-ation. 이 성육신이 기독교 영성의 출발이다. 그래서 우리도 예수님처럼 이 땅에서 살아내는 것이 사명이다. 이 땅은 죄로 더럽혀졌지만 피해야 할 곳이 아니라 함께 살아가야 할 곳이며, 이것이 기독교 신앙이요 기독교 영성이다. '거진이진居塵離塵'[7]의 영성으로 살아가는 것이다. '거진이진'은 '거할 거居, 먼지 진塵, 이별 이離, 먼지 진塵'으로 먼지 속에 거하면서 먼지와 떨어져 있다는 뜻이다. 이것이 기독교의 영성이다. 예수님은 친히 성육신하셔서 이 땅의 더러움과 함께 거하시면서 죄와는 완전히 구별된 삶을 사셨다. 예수님은 성육신incarnation하셔서 가장 낮은 곳까지 들어가셨는데, 우리는 탈육신脫肉身, off-carn-ation하려 한다. 세상은 더러운 곳이라며 정죄하고, 이 땅은 잠깐 있을 곳이니 내 마음대로 살겠다고 하면서, 천국에 갈 생각만 한다. 이 땅에 대한 복음의 책임성, 공공성, 시민 의식이 결여된 채 살아간다.

우리와 달리, 예수님은 진정 '거진이진'의 삶을 사셨다. 먼지와 같이 거하시면서 먼지를 극복하면서 사셨다. 그런데 우리는 '거진이진의 영성,' '성육신의 영성'으로 살아가지 못하고 있다. 죄가 만연하고 오염된 세상에서 내 거룩한 영혼이 더럽혀질까 봐 무서워한다. 세상이 너무 커 보이고 세상을 이길 자신이 없으니까 두려워한다. 그래서 세상을 피하기로 결정한다. "똥이 무서워서 피하냐 더러워서 피하지"라고 말하면서 세상을 똥이 가득한 더러운 장소로 치부한다. 이렇게 우리의 신앙은 본질을 추구한다는 명목으로 자꾸 이분법적으로 변해서 세상을 피하거나 정죄하는 공격적 행태의 신앙이 되어 간다.

억울하게 상처 받고 울고 있는 약자들의 아픔에 대한 책임감과 역사의식은 교회에서 언급하지 않는다. 오히려 그런 사회성을 언급하면 특정 '프레임'을 만들어 자기 검열을 하게 만든다. 때문에 한국 교회에 충성하고 한국 교회에서 교육받을수록, 성육신의 영성, 거진이진의 영성과는 멀어진다. 이 땅에 대해 책임감을 갖고 공공 의식에 동참하는 성육신적 삶은 희박해지고, 저 천국 이야기만 하는 탈육신의 신앙으로 살아가게 된다.

헌신과 충성에서 누림과 향유로

성육신의 삶, 거진이진의 신앙을 가지고 있다는 증표는 내 분야에서 기독교의 공공성과 책임성을 구현하려는 마음이 있는가에서 드러난다. 또 이 땅에서 소소한 삶의 기쁨에 감사하며 그것을 향유하려는 삶의 자세로 나타난다. 그래서 영성의 사람들은 우리가 '죄인'이지만 동시에 '하나님의 아들과 딸'임을 분명하게 자각한다. '죄인'으로만 살지 않고 '아들과 딸'로서 살아가는 것이다. 사실 하나님은 원죄original sin 이전에 원복original blessing에 대해 말씀하셨다. 창세기 3장에 나오는 타락한 인간의 작품이 원죄라면, 창세기 1장에 나오는 하나님의 작품이 원복이다. 그런데 어째서 우리는 이 원복이라는 하나님의 작품보다 원죄라는 인간의 작품에 묶여서 살아가고 있는 것인가? 하나님은 우리가 삶을 누리길 원하신다.

"죄의 문제는 내가 해결했다. 너는 이제 복덩어리이니 삶의 소소한 것들을 누리고 기뻐하며 즐거워하라"고 말씀하시는 듯하다. 예컨대, 우리 자녀가 취직도 하고 결혼도 하고 손주들도 낳고 잘 살고 있는데도 매일 부모 눈치만 본다면, 그래서 매사에 눌려 있는 사람으로 산다면, 부모의 마음은 얼마나 아프겠는가? '애야, 그렇게 눈치 보지 말고 살아라. 눌려서 살지 마라. 어깨 펴고 살아라. 넌 충분히 그럴 자격이 있다'라고 말해 주지 않겠는가?

미국에서 태어나 스페인에서 생을 마감한 브레넌 매닝

Brennan Manning은 《아바를 사랑한 아이》[8]라는 책에서 이렇게 말한다.

친구야, 네가 천국에 가면 아바께서 너에게 기도를 몇 번이나 했고 영혼을 몇 명이나 구원했는가를 묻지 않으시고 이렇게 물으실 것이다. "파히타는 맛있게 먹었느냐?" 그분은 네가 열정을 품고 살기를 원하신다. 그분의 선물을 받아들이고 누리면서 순간의 아름다움 속에 살기를 원하신다.

'파히타'(라틴 음식)에 우리 음식 중 하나를 넣어 읽어도 좋을 것 같다. "애야, 된장찌개는 맛있게 먹었느냐?"처럼 말이다. 기독교 신앙은 이렇게 내게 주신 순간의 아름다움, 일상의 축복을 향유하는 데 있다. 과거의 기억에 붙잡혀 그때만 그리워하고 다시 돌아갈 날만 손꼽아 기다리면서 지금에 대해 불평하고 불만족하는 것이 아니라, 지금 내게 주신 은혜가 무엇인지 찾는 것이 기독교 신앙이다.

창세기 1장에서 원복을 얻은 우리는, 삶의 일상 속 노동에서 하나님의 복을 누리도록 창조되었다. 노동, 즉 땀 흘림과 손의 수고는 하나님의 징계가 아니고, 하나님의 축복이라는 말이다. 우리는 아담이 죄를 지은 이후에 받은 형벌이 노동이라고 생각하는데, 하나님은 이 노동을 죄 짓기(창 3장) 전에 이미 복(창 2장)으로 주셨다.

여호와 하나님이 그 사람을 이끌어 에덴동산에 두어 그것을 경
작하며to work 지키게 하시고to take care of it (창 2:15).

이렇듯 노동, 즉 일상의 수고와 그것에 수반되는 고민과
갈등과 불안의 시간은 하나님이 인간에게 주신 고귀하고 복
된 시간이다. 고단한 이 세상에서 도피하거나, 마음에 안 드
는 사람과는 상종하지 않고 마음 맞는 교인들과만 몰려다니
는 것은 신앙이 아니라고, 내 삶의 노동과 같은 현장, 치열하
게 고민하고 갈등하는 시간이 하나님의 시간이고 축복의 연
장선이라고 말하고 있다. 이것이 '일과 영성'의 중요한 시작점
이다.

일상의 소소한 순간에 감탄하는 것, 그것이 기독교 영성
이다. 작은 일에서 원복을 찾는 것, 그것이 기독교 영성이다.
커피 향을 맡으며 행복해하거나, 잠시 멈추어 서서 햇볕을 쬐
거나, 친구를 만나 수다를 떨거나, 작은 텃밭을 가꾸면서 봄꽃
이름을 외우거나… 이렇게 작은 일들에 감탄할 때 우리는 신
앙에서 잃어버린 신비로움을 회복한다. '감탄amaze'[9]하는 삶
은 '미로maze'와 같은 삶에서 우리를 구출해 준다. 일상의 삶
에서 작고 소소한 것에 감탄amaze하는 삶을 살아 내지 못하면
미로maze에 빠져 버리고 만다. 어디가 길인지 아닌지도 모르
고, 내가 정말 좋아하는 것이 어디 있는지 한 번도 물어보지
않고, 남들이 우르르 몰려가는 데로만 쫓아다니다 끝나고 마

는 미로에 갇힌 인생이 된다.

그래서 '라비린스Labyrinth'로 나아간 믿음의 선배들이 있다. 그들은 우리 인생이 미로迷路가 아니라 비로秘路, 즉 신비한 도상인 것을 고백하는 마음으로, '유혹받고 유혹하는 길'(미로)을 걷지 않고 '하나님의 비밀스런 길'(비로)을 걷고자 했던 이들이었다. 라비린스에서 신앙인들은 기도하며 1궁방을 지나 2궁방으로, 그리고 마침내 7궁방에 계신 주님을 더 깊이 만나고 감탄했다.[10] 이렇게 미로maze와 같은 일상에서 신비의 길인 비로labyrinth을 걷지 않으면 우리는 감탄amaze이 사라진 한탄maze의 삶을 살게 된다.

〔표 1〕 미로maze와 비로labyrinth[11]

maze   labyrinth

일상의 신비는 자연에서 하나님의 아름다움을 경탄하고 사랑하는 사람에게 감탄하는 것이다. 그러나 일상에는 늘 이런 탄복의 사건들만 있는 것이 아니다. 우리의 마음을 빼앗는 일들 또한 많다. 학교 가기 싫다고 고집을 피우는 아이들과 실랑이하는 것, 마음에 생채기를 낸 사람과 마주해야 하는 것, 하기 싫은 일을 억지로 버티며 해야 하는 것 등이다. 이런 매일의 일상에서 힘든 일들을 넉넉히 받아들이고 마음을 빼앗기지 않는 것, 그것이 기독교 영성이고 신앙이다.

엔진 끄기

그렇다면 어떻게 일상 속의 신비, 하나님이 주신 소소한 작은 것에 감탄하는 사람이 될 수 있을까? 여러 방법 중에 기독교 영성가들이 자주 했던 영성 훈련은 '침묵'이다. 침묵은 나를 움직이는 내 안의 엔진을 '셧 다운shut-down'시키는 것이다. 일단 멈춤으로써 나도 모르게 나를 움직이는 나의 욕망을 알아차리는 시간이다. 그렇게 자기를 직면하는 시간이 없으면, 브레이크가 고장 난 차를 모는 것처럼 매우 위험해질 수 있다. 현대인의 신앙생활 가운데 가장 큰 문제들이 여기서 비롯된다. 내 엔진을 끄지 못해 멈추지 못하는 것이다. 남들보다 늦을까 봐, 가만히 있으면 뒤처질까 봐 정신없이 내달린다. 어디로 가는지도 모르면서 다른 사람들이 가면 나도 일단 가고 본다. 그 길의 끝이 낭떠러지인 줄도 모르고 달리기만 한다.

교회에서는 헌신이라는 이름으로 자기 착취의 삶을 산다. 자신을 피곤하게 만드는 것이 깊은 신앙인 양, 주일 아침부터 성가대원, 교사, 남녀선교회 임원, 집사, 안수집사, 권사,

장로, 목사가 되어 안식일인 주일에 전혀 안식이 없는 사역에 몰두한다. 자기를 더 피로하게 만들면 만들수록 더 큰 신앙인이 된다고 최면을 걸며 중직자가 되어 간다. 그러나 그런 사람에게 남는 것은 봉사하지 않는 사람들에 대한 정죄와 판단이다. 자녀들은 주말마저 부모를 교회에 빼앗긴 것을 원망하며 유년시절을 보낸다. 무엇보다도, 자신도 모르게 기쁨과 감사가 없는 성취 지향적 괴물이 되어 가는 모습을 어느 순간 발견한다.

우리의 신앙은 거대담론(삼위일체, 기독론, 속죄론, 구원론, 절대예정론 등)으로도 감격해야 하지만, 작은 일상의 성찰로 감사를 회복해야 한다. 하나님 앞에서 작은 일상의 사건을 직면하는 시간을 가짐으로써 삶을 향유해야 한다. 거대담론과 원죄에 눌려 지나치게 경건한 얼굴로 사는 데서 벗어나, 작은 일상의 신비를 알아차리고 내게 주신 소소한 것에 기쁘게 응답해야 한다. 이즈음에서 스스로에게 물어야 한다. "너는 하나님 앞에 직면하고 있니? 너는 너를 보고 있니? 너는 누구니?"

당 태종 이세민은 세 개의 거울, 즉 삼감三鑑을 가졌던 자로 유명하다. 첫 번째 거울은 청동거울, 동감銅鑑이다. 말 그대로 자신의 물리적 얼굴과 본새를 보여 주는 거울이다. 두 번째는 역사책 즉 사감史鑑이다. 역사를 통해 통치의 혜안을 얻게 해 주는 거울이다. 세 번째 거울은 자신의 신하 '위징'을 가리킨 말로, 인감人鑑이다. 위징은 300번이 넘도록 당 태종에게

"아니 되옵니다!"를 외쳤다는 일화로 유명하다. 당 태종의 간신들은 왕의 일에 사사건건 반대하는 것처럼 보이는 신하 위징을 내치라고 간청했지만, 그때마다 당 태종은 그를 내치지 않고 오히려 그의 말에 귀를 기울였다. 자기보다 먼저 별세한 위징의 영정 앞에서 당 태종은 "그가 나의 거울이었다"라면서 그의 죽음을 슬퍼했다. 당 태종은 이렇게 세 개의 거울, 즉 동감, 사감, 인감을 통해 자기를 성찰하고 직면하는 시간을 가지면서 통치하였기에 중국 역사상 가장 위대한 선왕으로 추앙받고 있다.

우리는 영혼의 거울을 가지고 있는가? 자기만의 영혼의 거울, 즉 영감靈監이 있는가? 내 에너지, 내 갈망이 어떻게 흐르고 있는지 성찰하는 시간을 갖고 있는가?[12] 그렇게 멈춰서 나를 보는 시간을 갖지 않는다면, 내 갈망, 내 열망을 찾지 못하기 때문에 남의 욕망을 모방하며 살 수밖에 없다.

르네 지라르의 모방욕망

이제 '르네 지라르의 모방욕망'을 소개하고자 한다. 모든 인간의 가슴에는 저마다의 불덩이 즉 열망이 있는데, 멈춰서 그것을 직면하고 알아차리는 시간을 갖지 않으면 인간은 남의 것을 모방하고 그것을 자기 것으로 착각하며 살아가기 쉽다. 뷔페식당에서 내가 최선을 다해 고른 음식들을 앞에 놓고 한 젓가락 뜨려는 순간, 옆 친구의 접시에 놓인 문어 숙회가

눈에 띄고, 갑자기 친구 접시의 그 문어 숙회가 먹고 싶어진
다. 이처럼 우리는 남의 욕망을 욕망한다. 그런데 우리가 사는
세상은 뷔페식당처럼 먹고 싶은 것을 언제든 먹을 수 있는 그
런 곳이 아니다. 제한된 자리와 한정된 파이pie를 나눠야 하는,
무한 경쟁 구도 속에서 살아남아야 하는 곳이다.

　르네 지라르는 우리 욕망의 많은 부분이 위의 예처럼 남
의 것을 모방하는 것이라고 설명한다. 그래서 늘 남과 비교하
고, 질투와 경쟁의 히스테리로 자기 자신을 피곤하게 만든다.
내가 무엇을 좋아하는지 묻지 않고 남의 것을 모방하며, 남의
것을 내 것이라고 착각하며 살아간다. 그러니 늘 피곤하다. 남
을 의식하며 살아가느라 신경이 곤두서 있다. 다른 사람이 날
어떻게 생각할까, 이렇게 말하면 내가 더 괜찮아 보일까 등을
생각하는 신경 강박은 자기 착취에 이르게 한다. 편안하고 깊
은 호흡을 하지 못하고 깊은 숙면이 주는 안식을 빼앗긴 채,
하루하루를 숙제하듯 겨우 살아간다.

　그렇게 다른 사람들이 지향하는 목표에 이르고자 나도
덩달아 뛰어다닌다. 마치 주인이 던져 준 테니스볼을 향해 정
신없이 달려가는 애완견처럼, 내가 왜 뛰는지, 이렇게 뛰는 것
을 내가 정말 좋아하는지 물어보지도 않고 그저 뛰어간다. 이
제 좀 물어보자. "너 지금 좋니? 너 괜찮아?" 이 물음이 바로
이 책을 쓰게 된 동기다.

　르네 지라르의 관점으로 나를 보자는 것이다. 그리고 성

경에 등장하는 수많은 모방욕망의 군상들을 보고자 한다. 성경의 군상들이 내가 되고 내가 그들이 되어, "너 괜찮아?" "난 안 괜찮아" "너 어디 가니?" "나도 어디 가는지 모르겠어" 대화를 함께 해 보고자 하는 것이다. 경전으로 성경을 대하는 습관에서 벗어나, 나를 보는 거울로써 성경을 보도록 하자. 다 내려놓고 영혼의 거울인 성경 앞에서 한번 물어보자. "거울아, 거울아, 나는 누구니?"

기독교 교리를 잘 믿는 것, 교회를 잘 다니는 것이 예수님처럼 사는 것은 아니다. 예수님은 성육신하셔서 낮은 자와 함께 하셨고 거진이진의 영성으로 소소한 것에 감탄하는 삶을 사셨는데, 신의 아들이 되기를 거부하시고 인간의 아들 즉 인자人子로 사셨는데, 우리는 인간의 아들이면서 얼마나 신의 아들神子로 살고 싶어하는지 모른다. 그렇게 남의 욕망으로 채워진 우리는 예수님을 믿어도 나만의 세계에 갇혀 남을 받아들이지 않는 옹졸한 신앙인이 된다. 그렇게 남의 것을 모방하며 사는 우리는 내가 정말 갈망하는 것이 무엇인지 묻기보다 남이 던져 주는 것이 내 것인 줄 안다. 신앙이라는 이름으로 자신을 피곤하게 굴리면서 사는 것이 신앙의 길인 줄 안다.

이제 다시 자기 자신에게 집중하자. 남을 환대하고 친절하게 대하느라 정작 자신에게는 따뜻한 말 한마디 해 주지 못하고 자상하지 못했던, 일그러진 자기를 안아 주자. 그렇게 남에게 잘해 줬던 것도 다른 이들의 시선 때문이었고, 그들이 알

아주기를 바랐던 욕망 때문이었다면, 이제 그런 남의 시선과 평가에서 벗어나자. 즉 타인을 통해 얻은 모방욕망의 엔진을 끄고 영적인 거울 앞에 서자. 그리고 내 주변에서 일어나고 있는 모방폭력과 희생양에게 린치를 가하는 구조를 예민하게 바라보자. 왕따 문제, 직장 내 집단 따돌림, 세대 간의 갈등 문제, 빈부 혹은 계층 간의 원한 문제, 남북문제 등의 구조를 알아차리고 이제 내가 먼저 "그만!"이라고 외치자. 앞으로 만나게 될 성경 인물들이 나에게 말 걸어올 때, 나도 같이 아파하고 같이 멈추고 같이 엔진을 끄고 같이 반응해 보자.

1부 르네 지라르의 모방욕망과 영적 성찰

1장

세계대전, 롯 그리고
히브리인 아브라함

알제리에서 태어난 한 소년은 딜레마에 빠져 있다. 그의 출신이 남달랐기 때문이다. 아버지는 프랑스계 군인이고 어머니는 알제리 빈민가 출신의 문맹이며 청각장애인이다. 그는 아버지의 피를 받은 프랑스인이기 때문에 알제리 빈민가 또래들과 섞일 수 없고, 프랑스인이었지만 다른 식민지 지배자들과 같은 호화스러운 생활은 상상할 수 없는, 여기도 끼지 못하고 저기도 끼지 못하는, 어느 곳에도 어울리지 못하는 '이방인'이다. 이 사람은 바로 문학계의 지형을 바꾼 실존주의의 거장 알베르 카뮈Albert Camus이다. 카뮈 자신이 철저한 이방인으로 성장해서 그런지는 몰라도, 그는 소설 《이방인》에서 주인공 뫼르소의 행위를 패륜이기보다는 저항으로, 일탈이기보다는 구도求道 행위로 그려 낸다. 이러한 그의 시각은 당시 전통적 권위의 틀 속에만 머물러 있던 문학계의 놀이터에 큰 폭탄이었다. 프랑스인이었지만 프랑스 식민지에서 이방인으로 살아야만 했던 알베르 카뮈, 그는 그의 작품에서 자신의 고뇌를 충분히 전달하고 있다.

신앙으로 하루하루를 힘겹게 살아가는 우리는 어떤가? 세상에 던져져서 하나님의 길과 세상의 길 사이에서 딜레마를 겪고 있는 우리가 바로 알베르 카뮈가 아닌가? 가야 할 방향은 알지만 늘 흔들리며 살아가고 있는 우리가 이방인 아닌가? 성경 역시 수많은 이방인이 등장한다.

이방인으로 산다는 것

우리가 알고 있는 믿음의 첫 조상 아브라함도 사실 이방인이다. 그는 하나님을 만나고 이방인의 길을 걷는다. 그게 믿음의 길인 것이다. 이방인으로의 부르심… 신앙은 그렇게 안 가 본 길로 뚜벅뚜벅 걸어가는 것이다.

여호와께서 아브람에게 이르시되 너는 너의 고향과 친척과 아버지의 집을 떠나 내가 네게 보여 줄 땅으로 가라(창 12:1).

아브라함의 고향은, 성경에서 주 활동 무대로 언급되는 팔레스타인(가나안 지역)이 아니다. 그의 고향은 저 멀리 지금의 이라크 지역, 티그리스 유프라테스 지역으로 메소포타미아 문명의 발원지로 잘 알려진 비옥한 땅이다. 아브라함은 그의 아버지 데라와 함께 정든 고향 우르를 떠나 하란에 도착한다. 여행 거리는 장장 900km에 달한다. 부산에서 신의주 정도의 거리다.

아브라함은 이 하란이라는 곳에서 하나님의 계시를 받는다. 이제 그곳 하란을 떠나 다시 남쪽으로, 너무도 생경한 가나안 땅으로 가라는 것이다. 아브라함은 그의 아내와 조카 롯, 그리고 그의 사람들과 함께 또다시 무작정 남쪽으로 600km의 여정을 떠난다(창 12:4). 이 지점에서 아브라함에게 버거운 것은 자기의 고향 우르에서 시작해 하란을 거쳐 가나안까지 장장 1,500km의 긴 여행이 아니었다. 아브라함에게 무엇보다 부담이 된 것은, 자기 고향 즉 익숙한 곳을 떠나 '이방인'으로 살아야 한다는 것이었다. 큰 도전이 아닐 수 없다.

익숙해진 곳을 떠나서 이주해 본 경험이 있는가? 학창 시절 전학이라든지, 이사나 이직, 또는 이민 경험 말이다. 새로운 환경에 적응하는 것은 정말 스트레스 받는 일이다. 필자도 그런 경험이 있다. 8년간 샌프란시스코에서 지냈던 시절이 있다. 주중에는 공부하고 주말에는 한인 교회에서 사역했는데, 그때 한인들과 가까이 만나면서 한인 교회를 이해하고 그들의 이민 생활을 간접 경험했었다.

그때 느낀 것은 한인 교포들이 정말 열심히 사신다는 것이었다. 그런데 이민 사회에는 한국에서 볼 수 없는 독특한 점이 있다. 그들이 미국에 오기 전, 한국에서 박사였든 대기업 임원이었든 전혀 상관없이 그들만의 서열이 있다는 것이다. 한국에서 무슨 일을 했든 상관없이 어깨 당당히 펴고 자신 있게 사는 이들은 시민권자들이다. 그 다음은 영주권자들이다. 영주권을 받으려는 사람들의 노력은 정말 눈물겹다. 영주권자들 다음은 합법적 체류자들이다. F비자, J비자 등 영구적이지는 않지만 그래도 비자를 가진 이들이 그 다음이고, 마지막으로 가장 어렵게 사는 이들이 불법 체류자들이다. 이들의 꿈은 영주권자가 되는 것이다. 그들은 영주권 받아서 이방인 딱지 떼기만을 오매불망 바란다. 자녀 교육과 사업에 있어서 미국인들과 동등하게 대우받고 싶은 바람뿐이다. 이방인인 그들이 할렘가에서 총 맞아 가면서도 미국인들이 하지 않는 3D 업종에 종사하는 것은, 이방인 딱지를 떼고 현지인들과 어깨를 나란히 하고 싶은 그 꿈이 있기 때문이다.

본문의 주인공 아브라함이 그러했을 것이다. 21세기에 외국에서 사는 한인들의 고충이 이 정도인데, 수천 년 전의 이방인 아브라함의 상황은 훨씬 열악했을 것이다. 이 이야기는 지금으로부터 4,000년 전의 일이다. 아브라함은 우리가 알고 있는 고대 철학자들, 소크라테스, 플라톤, 헤라클레이토스, 탈레스 같은 이들보다 훨씬 이전 시대의 사람이다. 이방인의 인권도, 소수자에 대한 배려도, 아무것도 없던 때였다. 길에서 마주치면 나와 다르다는 이유로 모든 게 털리는 시대였다. '나와 다름'은 곧 '나의 적'이 되어 버리는 세상에서 다른 곳으로 이주한다는 것은, 그냥 죽음을 직면하는 일이었다. '알리바바와 40인의 도적' 같은 사건쯤은 비일비재했던 시대다. 그런 시기에 아브라함은 이방인으로서 그 낯선 땅에 입성해야만 했다. 가족들을 이끌고 하나님의 약속 하나만 붙들고 가야 했으므로, 현실적으로 엄청난 부담이 있었다.

지금 대한민국에서 살아가는 외국인 노동자들의 이야기를 들어 본 적이 있는가? 이방인 취급당하는 탈북민들의 절규를 들어 봤는가? 여러 면에서 최첨단 시대인 오늘날에도 이방인에 대한 차별의 목소리가 이렇게 가득한데, 지금으로부터 4,000년 전에 고향 땅을 떠나 이방인으로 살아간다는 것은 만만치 않은 일이었을 것이다. 그 시대, 정말 힘 있는 강자들만이 살아남는 각축장에 아브라함은 내동댕이쳐진 것이다.

이방인 아브라함

설상가상으로, 본문인 창세기 14장의 배경은 더 엄혹하다. 아브라함 개인의 처지가 불운하면 시대적 배경이라도 버틸 만하면 좋겠는데, 창세기 14장 1절부터 아브라함은 세계대전 일촉즉발의 상황에 부딪히게 된다. 창세기 14장은 성경이 우리에게 들려주는 최초의 세계대전 이야기를 담고 있다.

당시에 시날 왕 아므라벨과 엘라살 왕 아리옥과 엘람 왕 그돌
라오멜과 고임 왕 디달이, 소돔 왕 베라와 고모라 왕 비르사와
아드마 왕 시납과 스보임 왕 세메벨과 벨라 곧 소알 왕과 싸우
니라(창 14:1-2).

조사 빼고는 모조리 고유명사다. 왕들 이름만 나열된 본
문이다. 이 왕들과 아브라함이 무슨 관계가 있을까? 창세기
14장의 전쟁은 문명의 4대 발상지 중 한 곳인 메소포타미아
지역에서 발발했다. 그 지역의 '그돌라오멜'이라고 하는 왕이
주도권을 잡고 주변의 세 나라와 동맹을 맺어서 메소포타미
아 지역뿐 아니라 레반트 지역(팔레스타인, 시리아를 포함해서 이
란, 이라크 지역까지 통칭한 지명)까지 통치하고 있던 상황이다.
그 주변의 작은 나라들은 정기적으로 메소포타미아의 왕 특
히 그돌라오멜에게 조공을 바쳤다. 이런 모습은 고대나 지금
이나 힘없는 나라의 설움이다. 우리나라 역사에서도 쉽게 찾
아볼 수 있다. 우리나라도 고려, 조선시대를 거치면서 얼마나
많은 공물들을 명과 청에 바쳤는가? 제주도에서부터 명마를
가져와 바치기도 했고, 심지어 공녀라 불리는 처녀들까지 바
쳤던 일은 우리의 몇 세기 전 역사다.
　　이 본문은 가나안 지역의 왕들이 12년 동안 그돌라오멜
에게 조공을 바쳤다고 기록하고 있다. 그런데 어떤 객기가 일
어난 것인지, 고대 근동의 힘없는 왕들 중에 '가나안 지역의

왕들'이 이제는 조공을 바치지 않겠다고 결정한다.

그돌라오멜은 참을 수가 없었다. 이참에 느슨했던 조공 시스템도 손볼 요량이었나 보다. 어쩌면 주변의 다른 왕들도 이에 편승해서 반역의 깃발을 들 수 있다고 생각했을지 모른다. 그래서 그돌라오멜은 동맹국들을 이끌고 조공 바치기를 거부한 버르장머리 없는 가나안 나라들을 공격하기 위해 팔레스타인 땅으로 출전한다.

> 당시에 시날 왕 아므라벨과 엘라살 왕 아리옥과 엘람 왕 그돌라오멜과 고임 왕 디달이(여기까지가 메소포타미아의 네 왕), 소돔 왕 베라와 고모라 왕 비르사와 아드마 왕 시납과 스보임 왕 세메벨과 벨라 곧 소알 왕(여기까지가 팔레스타인, 가나안 지역의 다섯 왕)과 싸우니라(창 14:1-2).

4절은 그돌라오멜이 전쟁을 시작한 이유에 대해서 말하고 있다.

> 이들이 십이 년 동안 그돌라오멜을 섬기다가 제 십삼 년에 배반한지라(창 14:4).

팔레스타인 지역의 왕들이 12년 동안 조공을 바치다가 13년째에 배신했다는 말이다. 그래서 14년 되던 해에 그돌라오멜은 지역의 왕들과 연합 전선을 구축하고 그 지역을 정리하러 쳐들어온다. 누가 이겼을까? 당연히 화력이 막강한 메소포타미아 지역의 왕들, 즉 그돌라오멜 연합군이 팔레스타인 지역을 깔끔히 정리한다.

제 십사 년에 그돌라오멜과 그와 함께한 왕들이 나와서 아스드롯 가르나임에서 르바 족속을, 함에서 수스 족속을, 사웨 기랴다임에서 엠 족속을 치고(창 14:5).

우선 그돌라오멜은 주변 정리를 하고, 가나안으로 진격한다.

엘람 왕 그돌라오멜과 고임 왕 디달과 시날 왕 아므라벨과 엘라살 왕 아리옥 네 왕이 곧 다섯 왕과 맞서니라(창 14:9).

그 결과는 어떠했는가?

…소돔 왕과 고모라 왕이 달아날 때에 그들이 거기 빠지고 그 나머지는 산으로 도망하매, 네 왕이 소돔과 고모라의 모든 재물과 양식을 빼앗아 가고(창 14:10b-11).

그돌라오멜과 그의 연합군은 모든 약소국들을 완전히 평

정해 버린다. 아브라함은 이런 엄혹한 시절에 이방인으로 살아간다. 이 지점에서 성경은 우리에게 한 사건을 소개한다.

소돔에 거주하는 아브람의 조카 롯도 사로잡고 그 재물까지 노략하여 갔더라(창 14:12).

이방인 롯

왜 뜬금없이 아브람의 조카 롯이 여기에 연루된 것인가? 아브라함의 조카 롯은 어떤 사람인가? 롯은 아브라함의 막내 동생, 하란의 아들이다. 원래 롯은 아버지 하란과 삼촌 아브라함, 할아버지 데라와 함께 우르라는 지역에서 살고 있었다. 그런데 롯의 아버지 하란이 일찍 죽는다. 아들 하란을 먼저 하늘나라로 보낸 아버지 데라는 고향 우르를 떠난다. 왜 데라가 고향을 떠났을까?[1] 자식을 잃은 그 땅에서 계속 살아가는 것이 힘들어서 고향을 등진 것일까? 잘 알 수는 없지만, 데라의 식구들은 900km나 떨어진 땅에 정착했고, 그 지역을 죽은 아들의 이름인 '하란'[2]이라고 불렀다.

롯은 할아버지 데라와 큰 아버지 아브라함의 손에 양육되었다. 아브라함은 아버지가 죽은 후에 하나님의 약속을 붙들고 가나안 땅으로 떠날 채비를 할 때, 조카 롯이 마음에 걸린 모양이다. 아버지를 잃은 조카 롯에게 기꺼이 아버지가 되어 준다. 그런데 가나안에 정착한 후, 조카 롯과 아브라함의

45

목자들 사이에는 싸움이 잦았다.[3] 아브라함은 조카에게 모든 면에서 양보했고, 결국 같이 갈 수 없음을 직면한 아브라함은 조카가 더 좋은 땅에 정착하도록 배려한다.[4]

아브라함의 조카 롯, 그가 정착한 곳이 비옥한 소돔 땅이었다. 조카 롯의 정착 과정 역시 아브라함과 크게 다르지 않았다. 그 역시 아브라함과 같은 이방인이었기 때문이다. 게다가 아버지의 부재로 어린 시절부터 삶이 힘겨웠던 그는, 약삭빠른 삶의 패턴을 갖고 있었다. 창세기 13장 10절은 큰아버지 아브라함의 배려 가득한 제안에, 롯이 자신의 안일함만을 생각하고 선택하는 가벼운 모습을 기술하고 있다.

이에 롯이 눈을 들어 요단 지역을 바라본즉 소알까지 온 땅에 물이 넉넉하니 여호와께서 소돔과 고모라를 멸하시기 전이었으므로 여호와의 동산 같고 애굽 땅과 같았더라(창 13:10).

롯은 자신을 길러 준 아버지 같은 아브라함이 어떤 선택을 하는지 묻지 않았다. 그저 이 여호와의 동산과 같은 소돔 땅에서, 빨리 이방인 딱지 떼고 입신양명하려는 생각으로 가득 차 있는 것 같다. 그가 이 소돔 땅에서 얼마나 살았을 때 이런 전쟁이 났는지는 분명하지 않다. 그러나 분명한 것은 조카 롯이 이 전쟁에 연루되었고 끝내 잡혀서 포로로 끌려갔다는 것이다.

그런데 이상한 점은, 같은 지역에 살았음에도 아브라함은 끌려가지 않았는데 조카 롯은 포로로 끌려갔다는 것이다. 왜 그럴까? 아브라함은 그 전쟁에 끼어들지 않았는데, 롯은 그 전쟁에 연관되어 있었기 때문이다. 왜 롯이 이 전쟁에 참여하게 되었는지 성경은 명확하게 말하지 않는다. 그러나 롯이 살아온 궤적을 보건대 그가 분명 이 전쟁을 어떤 기회로 생각했을 것이라고 우리는 짐작할 수 있다. 이 어려운 때에 지역 호족들과 함께 전쟁에 참가한다면, 그리고 전쟁에서 살아남기만 한다면, 이방인 딱지를 뗄 수 있는 기회가 될 것이라고 생각했을 수 있다. 상대가 아무리 당대 패권자인 그돌라오멜이라도, 한번 해볼 만 하다고 생각했을 수 있다. 소돔 왕 베라의 호언장담이 있었는지, 아니면 더 좋은 제안이 이방인 롯에게 들어왔는지 몰라도, 롯은 이 전쟁에서 이기기만 하면 그 지긋지긋한 이방인 딱지를 떼고 이들과 어깨를 나란히 할 수 있다고 생각했는지 모른다. 그러나 참전의 결과는, 그의 소원과는 상반되게 자신은 포로가 되고 애지중지 모아 놓은 재산은 다 날리는 것이었다.

소돔에 거주하는 아브람의 조카 롯도 사로잡고 그 재물까지 노략하여 갔더라(창 14:12).

모방욕망에 빠진 우리

이 지점에서 우리는 롯과 아브라함의 인간적인 맨 얼굴을 보게 된다. 당대 이방인이요 나그네였기에 그들에게는 뿌리칠 수 없는 감정이 있었다. 그것은 두려움이다. 당시 이방인으로, 나그네로 살아간다는 것은 삶의 어떤 보장도 없는 상태로 사는 것이다. 이것은 비단 롯과 아브라함만이 처한 상황은 아니다. 우리는 어떠한가? 우리도 이방인이고 나그네다. 본질적으로 보면, 이 땅에 어떤 보장도 없다. 이 땅은 두려움으로 가득한 곳이다. 우리 자녀들을 안전하게 키울 수 있을지, 마이너스 통장은 다 갚을 수 있을지, 우리의 쥐꼬리만 한 재산을 지킬 수 있을지, 우리의 건강은 유지할 수 있을지, 코로나19 또는 계속되는 전염병으로부터 안전할지, 그렇다면 우리 가정과 우리의 일터는 보전할 수 있을지…. 이런 두려움이 우리가 꽁꽁 숨겨 놓은, 그리고 꿉꿉한 냄새 가득해서 들춰 보기 싫은, '지하실 감정'이다.

두려움이라는 지하실 감정은 일상이 정상적으로 굴러갈 때는 잘 드러나지 않는다. 심지어 자신 안에 그런 감정이 있는지조차 의식하지 못하고 살아간다. 그러다 예기치 않은 사건이 일어나면, 지하실 감정, 그 꽁꽁 숨겨 놓았던 감정이 외부로 갑자기 폭발하여 혼자 감당하기 힘들어진다.

대부분의 사람들은 이런 두려움을 회피한다. 직면하기를 거부한다. 괜찮은 척, 아무렇지 않은 척 살아간다. 자신의 어

두운 감정을 직면하기보다 회피하면서 주변 다른 사람들을 보게 된다. 남의 것, 대중의 것, 사람들이 좋아하고 분주히 쫓아가는 것에 내 마음도 어느새 움직인다. 조용히 나를 관조하면 불안한 마음이 보이고, 내 스스로 불편해지기에 남들과 섞여서 정신없이 살아간다. 그러면서 다른 사람들의 것을 '모방'하게 된다.

'베블런Veblen 효과'[5]라는 이론이 있다. '가격이 높을수록 오히려 수요가 늘어나는 효과', 쉽게 말하면 '비쌀수록 더 잘 팔리는 효과'이다. 이런 베블런 효과가 관심 받는 이유는 이 이론이 인간의 모방적 욕망과 경쟁과 허영심에 기초하고 있기 때문이다. 이 이론은 현대 사회의 경제 소비 키워드가 '모방'임을 잘 설명하고 있다. 왜 광고회사들이 상품만 선전하지 않고 모델을 사용하는가? 모방욕망을 자극하는 것이다. '봐라, 네가 좋아하는 연예인이 가지고 다니는 가방이다. 요즘 힙hip한 사업가가 사는 집이다. 성공한 기업가가 타고 다니는 차다'라고 계속 모방욕망을 자극한다. 그러면 우리가 숨겨 놓은 지하실 감정도 슬금슬금 자극을 받는다. 내가 정서적으로, 영적으로 건강하면 "에휴, 저런 물건은 없어도 돼"라고 넘어갈 수 있는데, 보통 우리는 그리 건강하지 않기에 이렇게 반응한다. "그래, 저 차만 있으면, 저런 집에 살면, 저런 핸드백을 가지면 내가 이런 취급 받지는 않을 거야. 나도 저 사람처럼 존중받을 수 있을 거야!"라고 속는다. 나의 진짜 갈망이 무엇인지 모르니 남의 욕망을 모방하는 것이다. 내가 정말 무엇을 좋아하는지 물어보지도 않은 채, 남들이 다 하니까, 남들이 다 가니까, 남들이 다 좋아하니까, 남의 것을 모방하기 바쁘다. 내가 무엇을 쫓아가는 줄도 모르는 채. 이것이 모방욕망이다.

그렇다면 모방욕망은 나쁜 것인가? 우리의 욕구 혹은 갈망 자체를 나쁘거나 나쁘지 않다고 말할 수는 없다. 그런데 우리가 우리의 욕구를 점검하지 않으면, 무엇을 갈망desire하는지 알아차리지 않으면, 이 욕망desire은 길들여지지 않은 망아지처럼 자기 마음대로 날뛴다. 그럼 길들여지지 않은 나의 모방욕망은 어떻게 진화하는가? '모방폭력mimetic violence'으로 진화한다. 이게 무섭다. 쉽게 말해 멈춰 서서 내가 정말 하고 싶은 것을 찾는 시간이 없으면 남의 갈망을 내 것인 양 착각하며 산다. 그리고 남의 것에서 내 욕망을 찾았기에, 나에게는 없고 남에게 있는 그것을 보며 질투심에 사로잡힌다. 이 감정만으로도 우리는 폭력성을 느낀다. 그래서 성경은 '누구를 미워하기만 해도 살인'(요일 3:15)이라고 말씀하셨다. 남을 향한 이러한 질투심이 내 영혼을 죽인다. 이 질투심은 다른 사람의 영혼을 향해서 분노하며 부글부글 끓고 있다가, 어떤 시점에 그 사람도 상하게 하는 동기가 된다. 이런 모방폭력의 마음은 나도 죽이고 남도 상하게 하는 무서운 감정이다.

"사촌이 땅을 사면 배가 아프다"는 속담이 있다. 우리는 빠른 경제 성장기를 거치면서 '배고픔'은 해결했을지 몰라도,

'배 아픔'의 문제는 더욱 심해졌다.[6] 이런 배 아픔을 해결하지 못하면, 사회는 더욱 힘 있는 자들의 계층 상승 욕망으로 가득 차게 된다. 다른 한편, 힘없는 자들의 원한과 질투로 가득한 사회가 되어 버린다. 이와 같은 모방욕망, 모방폭력 이야기가 '아카데미 프랑세즈' 불멸의 40인 중 한 명으로 선출된 르네 지라르의 '모방욕망mimetic desire 이론'이다.[7]

강자들의 모방욕망

흥미로운 점은, 우리가 살펴본 창세기 14장에서 이 두 모습을 발견할 수 있다는 것이다. 이방인과 같은 우리가 숨기고 싶은 모방욕망과 폭력성이 적나라하게 드러날 때가 있다. 첫째, 모방욕망은 남의 것을 보고 더 큰 힘을 가지려는 욕망인데, 이 모방욕망에 사로잡히면, 자기에게 힘이 있다고 생각하여 약한 자를 쉽게 착취한다. 본문에 등장한, 자기의 욕망을 폭력으로라도 구가하려는 왕들이 바로 그런 자들이다. 창세기 14장에 언급된 전쟁광들, 즉 메소포타미아 지역의 '그돌라오멜 왕 연합국들'과 가나안 지역의 '소돔 왕 연합국들'에게서 나타나는 모습이다.

여기서 중요한 것은 약자를 향한 태도다. 힘 있는 자들은 그 얄궂은 힘으로 약한 자에게 자신을 과시한다. "장애인들이 돌아다니면 보기 싫어", "왜 동남아 사람들이 우리 동네에 있는 거야!", "여자들은 집에서 밥이나 하지 왜 차를 끌고 나와

51

서 길을 막히게 해"… 이런 감정을 쏟아 낸다. 그리고 자신보다 더 큰 힘을 가진 자를 견제하기 위해 자기들끼리 연대한다. 자기들의 연대를 막는 것들은 가차 없이 정리한다. 힘 있는 가해자들은 자기들의 불안함, 상대적 억울함, 사회의 부조리가 약자들 때문에 생긴 것이라고 낙인찍고 그들에게 폭력을 행한다. 마치, 메소포타미아의 왕들이 연대한 후에 상대적으로 약한 가나안 지역의 왕들을 쳤던 것과 같다.

그들은 자기들의 힘과 분노와 억울함 등을 쏟을 대상을 찾아 폭력을 퍼붓는다. 그리고 자기 합리화를 한다. 일본의 조선 식민지 근대화론이나 정한론이 그런 것이다. 일본은 아직도 일제 강점 35년이 한국의 근대화에 일조했다고 생각한다. 아직도 '너희 나라의 발전을 위해서 그런 것'이라고, '너희들 사고의 근대화를 위해서 그런 것'이라고 주장한다. 그리고 그런 폭력에 희생당한 이들에 대해서는 민족의 발전을 위해 어쩔 수 없었다고 정당화한다. 사람들이 따돌림, 집단 괴롭힘 등과 같은 폭력에 은근히 가담하는 이유, 그리고 그런 폭력을 당하고도 고발하지 못하는 이유가 바로 이런 '희생양 삼기'에 자신도 모르게 동화되기 때문이다.

메소포타미아 지역의 그돌라오멜 연합군은 자신의 욕망을 마음껏 펼친다. 광기와 폭력을 행사할 명분을 찾는다. "저 팔레스타인 조무래기들이 감히 나를 거역해? 저들은 우리 힘 있는 자의 평화를 위협했다! 저 놈들만 조공을 바쳤다면 팔레스타인에도 평화가 왔을텐데, 저 놈들이 그 평화를 깼다. 저 놈들을 처단하라!" 이런 것이 모방폭력이요 희생양 만들기다.

약자들의 모방욕망

둘째, 이런 모방욕망은 힘 있는 사람들에게만 나타나는 것이 아니다. 힘없는 자들도 이런 모방욕망에 빠져들면 그런 힘을 꿈꾼다. 약자들도 질투와 원망(르상티망) 메커니즘으로 자신을 모방폭력의 구조 안에 집어넣는다. 경쟁에서 질 수 없다는 자기 최면으로 하루하루를 버틴다. 그들은 기득권자들이 능력도 없으면서 금 수저, 다이아몬드 수저를 물고 태어났기에 저런 호사스러운 삶을 누린다면서, 가진 자에 대한 원망과 질투심에 사로잡힌다. 자기 처지를 한탄하면서 피라미드 꼭대기로 올라갈 수 있는 신분 상승을 꿈꾸며 살아간다. 아주 태연한 척, 아주 아무렇지 않은 척 하면서 내면은 '모방욕망'으로 꽉 차 있다.

본문의 롯이 그렇다. 롯은 일찍 아버지를 여의고 할아버지와 큰아버지 아브라함의 손에서 자랐다. 롯이 그들의 손에서 얼마나 사랑받고 자랐는지는 몰라도 분명 채워지지 않는 갈증이 있었을 것이다. 그래서인지 창세기에 언급된 롯의 모습에는 '영악함'과 '기회주의자'의 면이 보인다. 아브라함의 제안에 그는 좋은 것을 선택한다. 소돔에서도 자기 목숨을 부지하기 위해 딸들을 강간범들에게 내놓는 비열함을 보인다

(창 19:8). 지금 살펴보고 있는 창세기 14장 본문에서도 롯은 곱게 보이지 않는다.

그돌라오멜 연합국이 쳐들어왔을 때, 아브라함도 같은 가나안 지역에 살았는데 롯만 포로가 되어 끌려간 이유는 무엇일까? 앞서도 언급했지만, 롯은 지긋지긋한 나그네 혹은 이방인 딱지를 떼고 싶었을 것이다. 그는 결핍, 불안, 염려의 마음을 성공과 사람들의 인정과 정착에 대한 욕망으로 채웠을 것이다. 남의 것을 모방함으로써 생긴 모방욕망으로 가득 채웠을 것이다.

그러던 그에게 이 전쟁은 기회였을 것이다. 분명 이번에 소돔 왕은 달라 보였다. 12년 동안 조공을 바치던 겁쟁이 소돔 왕이 이번에는 달라 보였다. 그 젊은 왕의 리더십에 롯은 확신이 있었다. 분명 메소포타미아의 그돌라오멜 연합국들보다 국력은 열세지만, 그들은 원정이고 소돔 연합국은 홈그라운드니, 해볼 만하다고 생각했을 것이다. 아니, 소돔 왕의 야심이 롯의 모방욕구를 건드린 것일 수도 있다. 롯은 이번에 자기가 그들 틈에 들어가서 일정 정도 공헌하고 나면 분명 그들과 어깨를 나란히 할 수 있다고 생각했던 것 같다. 그리고 전쟁은 시작되었다. 그러나 이런 롯의 야심과는 달리 소돔 연합국은 참패했다.

네 왕이 소돔과 고모라의 모든 재물과 양식을 빼앗아 가고(창

14:11).

롯의 계획은 완전히 수포로 돌아갔다. 설상가상으로, 주동자 소돔 왕은 어디로 도망갔는지 포로로 잡히지도 않고 가장 힘없는 이방인 롯만 포로로 잡혀가게 되었다.

소돔에 거주하는 아브람의 조카 롯도 사로잡고 그 재물까지 노략하여 갔더라(창 14:12).

우리는 어떤가? 자신의 욕망에 이끌려서, 메소포타미아 지역의 왕들처럼 힘이 있어서, 사람들 위에 군림하려는 모방 폭력을 행하지는 않는가? 사실은 두려움에 떨고 있는데, 사실은 미래에 대한 불확실성 속에 살아가고 있는데, 이러한 감정을 숨기기 위해 더욱 힘이 센 사람처럼 행동하지는 않는가?

아니면 롯처럼 자기보다 힘센 사람들을 모방하면서, 그들이 가진 것을 부러워하면서, 더 갖지 못한 것을 늘 원망하면서, 어떻게 해서든 꼭대기로 올라가기 위해 안간힘을 쓰느라 늘 긴장과 피곤이 가득한 삶을 살고 있지는 않은가? 자기 불안의 기저를 살펴보기보다는, 롯처럼 처세술이라는 이름으로 약삭빠르게 대처하는 데 온 신경을 곤두세우고 있는 것이 우리네 모습은 아닌가? 왕들처럼 힘이 있으면 힘이 있는 대로, 롯처럼 힘이 없으면 힘이 없는 대로, 두려움에서 나오는 모방욕망의 노예가 되어 살아가기 쉽다. 그렇다면 어떤 대안이 있을까?

히브리인 아브라함의 전혀 다른 길

여기 전혀 다른 세계관을 가지고 다른 질서를 좇아 사는 사람이 있다. 그가 아브라함이다. 그는 이 전쟁 통에 잠시 사라진다. 창세기 11장 말부터 등장한 아브라함은 창세기 14장 1절, 왕들의 전쟁 이야기 시작과 함께 사라지더니 전쟁이 끝날 즈음에 다시 등장한다.

아브람이 그의 조카가 사로잡혔음을 듣고 집에서 길리고 훈련된 자 삼백십팔 명을 거느리고 단까지 쫓아가서(창 14:14).

아브라함은 조카 롯의 포로 소식을 듣는다. 그러자 그는 조카를 찾기 위해 집에서 훈련시킨 군사 318명을 데리고 그 돌라오멜 왕 연합군을 쫓아간다.

모든 빼앗겼던 재물과 자기의 조카 롯과 그의 재물과 또 부녀와 친척을 다 찾아왔더라(창 14:16).

아브라함은 그 밤에 달려가서 모든 군사들을 다 되찾는다. 대단하다. 명량해전에서 이순신 장군이 12척으로 330척의 왜선을 무찔렀던 것과 같은 힘을 아브라함이 가진 것 같다. 어떤 전술이 아브라함에게 있었는지 몰라도, 아브라함은 그 연합군을 다 무찌르고 포로도 찾아오고 전리품도 얻어 온다.

이 소식을 들은 소돔 왕은 놀래 자빠진다. '이게 웬 승전보냐! 아니, 우리 지역에 이런 장수가 있단 말이냐!' 아마도 소돔 왕은 버선발로 아브라함을 맞이했을 것이다. 그리고 소돔 왕은 아주 거만하게 이렇게 말하고 있다.

> 소돔 왕이 아브람에게 이르되 사람은 내게 보내고 물품은 네가 가지라(창 14:21).

소돔 왕의 거드름피우는 모습이 우리에게도 다 보일 정도다. 그는 지역 유지처럼 "수고했네, 사람은 내게 보내고 전리품은 당신이 다 가지게"라고 말했다. 이 말은 그저 수고했으니 수고비로 전리품 정도는 가지라는 뜻이 아니다. 이제 아브라함은 그 지역의 유지로 인정받을 수 있고, 그들과 어깨를 나란히 하며 살아갈 수 있다는 것이다. 이제는 이방인이 아닌 그 나라 시민권자, 영주권자로 살아갈 수 있다는 말이다. 아브라함이 "그러지요. 당신들과 함께 부강한 나라 만들어 보겠소"라고 소돔 왕의 제안을 받아들이면, 그 지긋지긋한 이방인 딱지 떼고 시민권 받아서 편안하게 살 수 있다는 뜻이다.

이것은 아브라함에게는 거부할 수 없는 제안이다. 서두

에서 언급했지만, 지금도 해외에 거주하는 한인들은 양계장에서 2-3년, 식당에서 서빙과 설거지하며 6-7년을 고생해야 겨우 영주권을 얻는다. 수천 년 전에 지역 유지에게 이런 제안을 받는다는 것은 파격적이라고 할 수 있다. 아브라함의 과거 모든 고생과 미래의 불안을 한 방에 종식시켜 줄, 최고의 제안이 아닐 수 없다. 그런데 아브라함은 어떻게 반응하는가?

아브람이 소돔 왕에게 이르되 천지의 주재이시요 지극히 높으신 하나님 여호와께 내가 손을 들어 맹세하노니, 네 말이 내가 아브람으로 치부하게 하였다 할까 하여 네게 속한 것은 실 한 오라기나 들메끈 한 가닥도 내가 가지지 아니하리라(창 14:22-23).

아니, 이게 무슨 객기인가? 준다면 그냥 받으면 되지, 왜 튕기는 것인가? 그런데 아브라함에게는 지독한 고집이 하나 있다. 그가 어떤 세계관을 가지고 살았는지는 그의 별명이 보여 준다. 창세기 14장 13절이다.

히브리 사람 아브람(창 14:13).

아브라함은 인간이라면 쉽게 빠질 수 있는 모방욕망, 즉 힘이 있으면 남을 지배하고 군림하려고 하는 모방욕망, 힘이 없으면 자신을 달달 볶으면서 가진 자들을 시기하고 원망하는 모방욕망, 이 모방욕망에 빠지지 않았다. 오히려 그는 전혀 다른 제3의 길을 선택했다. 그의 입에서 나오는 고백을 다시 들어 보라. "나는 실오라기 하나 받을 수 없다. 혹시나 네가 나를 부자로 만들었다고 떠들고 다닐까 봐, 그래서 하나님이 내게 일하시는 것을 네가 욕보일까 봐 그렇다. 나는 하나님만 의지하기 때문에 어느 것 하나 받을 수 없다. 나는 약속이 있는 히브리 사람이니까."

'히브리 사람'이라는 아브라함의 별명이 그리도 대단한 것일까? 먼저, '히브리'라는 말은 히브리어 '이브르'에서 왔다. 그 말은 '강을 건너다'라는 의미다.[8] 사람들은 아브라함이 메소포타미아 강 건너에서 온 사람임을 잘 알았기에 이런 별명을 붙여 주었다. 안동 출신의 새댁에게 '안동 댁'이라고 부르는 것처럼, 아브라함의 출신을 표현한 것이다. 그러나 '히브리인'이라는 단어가 더 중요하고 의미 있는 이유는, 사람들이 '아브라함의 삶의 방식'을 보고 지어 준 것이기 때문이다. '저 사람은 우리랑 다른 태도를 가지고 산다'고 느꼈던 것이다. 분명 이방인이고 나그네인데, 뭔가 다른 출신처럼 살아가는 모습을 나타낸 별명이다.

아브라함의 삶의 태도는 남달랐다. 조카 롯을 자기 자식처럼 키웠다. 시간이 지나면서 '가축과 은과 금이 풍부'(창 13:2)해졌지만 이것에 의지하며 살지 않았다. 조카를 먼저 배려하는 삼촌이었고, 이방인이었지만 지역 토호들과도 좋은 관계를 맺고 살았다. 아내 사라를 매장하기 위해 막벨라 굴을 사는 과정에서 드러난 그의 태도는 그 지역 사람들과 어떤 관계를 맺고 살았는지 잘 보여 준다. 나그네라고 비굴하지 않았고, 재물이 많다고 으스대지 않았으며, 지역 유지들에게 위협적으로 대하지도 않았다. 오히려 스스로 나그네요 이방인임을 겸손히 인정하면서 살았다. "나는 당신들 중에 나그네요 거류하는 자이니"(창 23:4)라고 말하면서 몸을 굽히고 늘 사람들을 존중했다. "아브라함이 일어나 그 땅 주민 헷 족속을 향하여 몸을 굽히고"(창 23:7). 우리는 아브라함이 가나안 땅을 약속의 땅으로 받았기에 그 땅을 무력으로 정복하고 탈환했다고 생각하는데 절대 그렇지 않다. 아브라함은 늘 겸손히 그들에게 몸을 굽혔다. 그리고 그들을 존중했다. 그런 아브라함을 대하는 그들의 반응은 이렇다.

내 주여 그리 마시고 내 말을 들으소서. 내가 그 밭을 당신에게 드리고 그 속의 굴도 내가 당신에게 드리되 내가 내 동족 앞에서 당신에게 드리오니 당신의 죽은 자를 장사하소서(창 23:11).

아브라함의 삶의 태도를 보고 사람들이 별명을 지어 준다. '아, 이 사람은 다르구나. 불안한 이방인이요 나그네인 그가 어찌 우리도 가지지 못한 삶의 태도를 가지고 사는가! 정말 다른 질서를 좇아 사는구나' 생각했고, 히브리 사람은 다르다는 생각에서 별명을 붙인 것이다. 즉 '히브리 사람'이란 '다른 질서를 좇아 사는 사람'이라는 의미로 쓰였다.

다른 길을 걷는 그리스도인

신약에 보면 이런 별명을 가진 사람들이 있다. 다른 사람들이 아브라함에게 '히브리 사람'이라고 지어 준 것처럼, 신약의 사람들에게도 다른 사람들이 별명을 지어 주었다. 그 별명이 무엇인가? 바로 사도행전 11장 25-26절에 나온 '그리스도인'이다.

바나바가 사울을 찾으러 다소에 가서 만나매 안디옥에 데리고 와서 둘이 교회에 일 년간 모여 있어 큰 무리를 가르쳤고 제자들이 안디옥에서 비로소 '그리스도인'이라 일컬음을 받게 되었더라(행 11:25-26).

초대교회 당대의 사람들은 예수를 따르는 안디옥의 사람들에게 주목했을 것이다. 그런데 그들은 뭔가 달랐다. 로마의 핍박 속에서도 그들은 움츠러들면서 비굴하게 살지 않았다. 박해 중에도 그들은 '베풀고 나누는 삶'을 살았다. 사람들은 그들의 지도자인 바나바를 '착한 사람'(행 11:24)이라고 평했다. 그들의 남다른 삶의 태도에 많은 사람들이 "정말 뭔가 다른 사람들이다. 바로 그리스도인, 즉 그리스도를 따르는 자들이다"라고 말하면서 그렇게 부르기 시작했던 것이다.

성경 전체에 흐르는 인간의 실존은 '불안'이요 '두려움'이다. "내 백성이 두 가지 악을 행하였나니 곧 그들이 생수의 근원되는 나를 버린 것과 스스로 웅덩이를 판 것인데, 그것은 그 물을 가두지 못할 터진 웅덩이들이니라"(렘 2:13)는 말씀처럼 하나님이 없는 내면은 갈급하다. 생수의 근원이신 하나님을 버렸기에 갈증이 심하고, 그것을 채우기 위해 동분서주하면서 늘 불안과 목마름 속에 살아간다. 그런 상태에 있는 인간은 항상 남과 비교하고 모방하면서 남보다 가지지 못한 것에 대한 열등감과 더 갖기 위한 경쟁심에 눌려 산다. 성취 지향의 삶, 즉 모방욕망의 삶을 사느라 피곤함으로 인생을 연명한다.

이때 보통 인간이 갖는 삶의 태도는 두 가지다. 첫째는 창세기 14장에 나온 두 지역의 왕들처럼 남의 힘(재정, 사회적 위치, 외모, 명예 등)을 모방하고 그것을 휘두르려는 욕망이다. 그 힘을 남용해서 자기의 왕국을 더욱 지키려 한다. 자기의 목소리를 더욱 내려고 한다. 남의 것을 모방하고 그 모방욕망에 빠져 살아간다.

둘째, 그 힘이 없는 이들은 롯처럼 시기와 질투 그리고 더 가진 자에 대한 원망으로 살아간다. 이것 역시 모방욕망의 한 흐름이다. 결국 더 갖기 위한 자기 욕망의 발현이다. 가진 자들을 증오하고 비판하기 좋아하는 습성, 더 가지기 위해 어떤 대가와 희생도 마다하지 않으면서 계층 상승의 꿈을 꾸며 살아가는 성향이 바로 롯처럼 힘없는 자들이 가진 모방욕망의 다른 얼굴이다.

그러나 제3의 길이 있다. 그 길을 보여 준 사람이 아브라함이다. 그는 인간이 가진 맨 얼굴, 즉 두려움과 불안이라는 실존을 그대로 인정하였고 그것을 감추기 위해 힘 있는 척 스스로를 포장하지 않았다. 힘으로 군림하려 하지 않았고, 오직 겸손한 모습으로 대했으며, 엄청난 재산도 신기루임을 알고 그 물질에 의지하지 않았다. 그 모든 것이 하나님으로부터 왔음을 알기에 소돔 왕이 제안한 기막힌 인간의 조건에도 휘둘리지 않는 삶, 그런 아브라함의 삶이 우리 그리스도인의 삶이 되어야 한다.

그런 삶을 보여 준 분이 또한 예수님이시다. 예수님은 십자가에서 그 멋진 삶을 보여 주셨다. 사탄은 계속해서 우리의 근본적 감정인 불안과 두려운 마음을 넣어 우리를 조정하려 한다. 우리가 세상에 굽실거리도록, 돈과 권력자와 세상 문화에 무릎 꿇도록 조정한다. 그러나 예수님은, 사탄이 주는 두려움과 불안이 조장하는 모방욕망과 모방폭력을 십자가에서 밝히 드러내셨다. 창세전부터 감추어졌던 사탄의 모든 계략, 그 모방욕망과 모방폭력을 다 드러내시고 십자가에서 죽으심으로써, 예수의 생명을 가진 자마다 사탄의 속임에 속지 않게 하셨다.[9] 그런 사탄의 계략 앞에서도 당당히 살게 하셨다. 내 실존은 두려움 덩어리이고 불안 덩어리이지만, 십자가에서 승리하신 예수님을 바라보면서 넉넉히 이길 수 있다. 아브라함과 같은 이방인의 상황에서도, 전쟁이라는 불안한 상황에서도, 초대교회처럼 박해 상황에서도, 가난한 상황에서도, 항상 당당하게 살도록 하신다.

우리는 어떤 길을 걷고 있는가? 힘이 조금 있는가? 그래서 그 힘으로 남을 누르고, 그들을 희생양 삼고, 그들의 눈물은 그들 탓이라고 믿고 살지는 않는가? 힘이 없다면, 남이 가진 것만 바라보면서 불평과 원망과 질투에 사로잡혀 감사가 없는 삶을 살고 있지는 않는가? 아니면 이방인 딱지, 그 주홍글씨 때문에 사람들의 오해와 비난과 수군거림을 받는다 할지라도 주눅 들지 않고 살고 있는가? 손만 뻗으면 좋은 조건과 합리적인 결과를 얻을지라도, 하나님이 기뻐하지 않으실 때는 '실오라기 한 올이라도 취하지 않겠다'는 아브라함처럼 살고 있는가? 초대교회의 그리스도인들처럼 예수님의 참 자녀로 오늘을 살고 있는가?

하나님은 당신을 '히브리 사람 아브라함'의 세계로 초청하신다. 비록 나의 실존은 두려움과 불안이지만, 하나님의 약속에 의지하면 남들과 비교하고 남을 모방하면서 그들의 힘을 좇지 않을 수 있다. 아브라함처럼, 초대교회 그리스도인들처럼, 예수님이 사셨던 삶의 태도로 살아갈 수 있다. 자신을 늘 성찰하고 남을 존중하며 영원한 것과 믿음의 길을 선택하는 믿음의 사람들이 되도록 하나님이 우리를 초청하신다.

소그룹 나눔을 위한 질문

1. 나는 내 지위와 권한(직장에서의 직급, 부모로서의 권위, 남편, 선배, 부자, 고령자 등)을 어떻게 사용하고 있는가? 그돌라오멜 왕처럼 군림하는가? 소돔 왕처럼 처신하고 있는가? 왜 그렇다고 생각하는가?

2. 롯의 심정을 이해할 수 있는가? 롯을 그렇게 만들었던 기저의 감정은 무엇인가? 내가 롯이라면 어떻게 했을 것 같은가?

3. 그럼에도 불구하고 아브라함은 다른 삶의 태도를 가졌다. 어떻게 아브라함은 그렇게 살 수 있었을까? 나는 어떤 지점에서 아브라함의 길을 따를 수 있을까?

2장

르네 지라르 이론 살펴보기

앞에서 언급한 모방, 욕망, 질투, 희생양의 개념은 여러 인문학자들이 지속적으로 언급한 주제들이다. 그러나 필자가 르네 지라르에 주목하는 이유는 첫째, 르네 지라르는 인문학과 인류학에 흩어져 있는 욕망, 모방, 질투, 원한 그리고 희생양의 개념을 정리했을 뿐만 아니라 모방욕망과 폭력이 어떻게 종교의 배경이 되었는지, 종교와 폭력은 어떤 상관관계가 있는지, 그리고 그것이 인간 문화 형성에 어떤 영향을 끼쳤는지 잘 설명해 주기 때문이다.

　둘째, 지라르의 이론은, 이렇게 외부로 드러나는 병리 현상에만 집중하는 것이 아니라 이 현상들의 기저에서 일어나는 내적 욕망을 보도록 돕는다. 즉, 자기 내면을 살피는 성찰의 부재가 어떻게 질투와 원한과 폭력으로 이어지는지를 알아차리게 해 줌으로써 영적 성찰의 중요한 도구가 된다. 지라르의 모방욕망은 기독교 영성학 차원에서도 아주 심도 깊게 다룰 수 있는 주제이다.

셋째, 지라르는 포스트모던의 흐름 중 하나인 기독교 기피 현상에 정면으로 도전했다. 그는 탈근대시대에 성경의 가치를 새롭게 입증한 학자로, 기독교 신앙이 감상적이거나 내면적 영역에만 국한된 것이라는 세간의 비판을 정면으로 거부한다. 그는 성경이야말로 일반 문학이 담아내지 못한 모방폭력을 폭로하고 있다고 주장한다. 그런 면에서 지라르의 모방욕망과 모방폭력 이론은, 기독교의 심리적 종교화 시대에 기독교가 어떻게 내면적 종교라는 오해를 잘 극복하는지 보여 주고 있다. 그의 이론은, 신앙이 심리적 문제만 다루는 것이 아니라 사람들 사이의 갈등의 문제를 어떻게 짚어 내는지, 그 문제를 해결하기 위한 종교적 행위가 어떻게 시작되었는지, 그 뿌리에는 어떤 모방폭력이 깃들었는지 등을 다룬다고 말한다. 이것은 기독교를 원래의 자리인 공공적 기독교로 돌아가게 한다.

넷째, 그러면서 지라르는 신학자들을 그의 이론 연구에 동참시켰다. 그의 이론은 교육학, 경제학, 문화인류학, 인문학에 인용될 뿐만 아니라 신학에도 영향을 주었다. 그의 이론을 속죄론과 구원론에 적용한 '지라리안Griardian'[1] 신학은 죄와 회심의 개념을 심리적 영역이 아닌 관계적, 문화적 영역으로 구체화시켰다. 즉, 죄와 회심을 추상적, 형이상학적 개념에서 일상적, 현실적 개념으로 끌고 들어와 삶의 현장을 보도록 자극한다.

다섯째, 그런데 이렇듯 방대한 스케일의 르네 지라르 이론은 기존의 인문학·철학 이론과는 비교할 수 없을 정도로 쉽다. 마이클 컬완Michael Kirwan은 심지어 7살 정도의 인지능력을 가진 사람이라면 누구나 이해할 수 있는 이론이라고 설명하면서 지라르 이론의 대중성을 높이 평가했다.

모방욕망 이론

그렇다면 그의 모방욕망 이론이란 무엇인가? 그의 이론을 다섯 가지로 정리해 보자. 첫째, 욕망은 모방적이라는 것 desire is mimetic이다. 지라르는 무엇인가를 향한 인간의 욕망은 자발적으로 일어난다고 보지 않는다. 욕망이란 자발적으로 생겨나는 것도, 어린 시절 성적으로 충족되지 않은 리비도 libido 때문도 아니고, 남의 것을 모방함으로써 일어난다고 주장한다.

그러면서 그는 욕망이 스스로 생겨나는 것이 아님을 설명하는 '욕망의 삼각형triangular desire'을 제시한다. 예컨대, 내가 사당동 다세대 주택 27평에 살았을 때, 나는 전혀 불편하지 않았고 오히려 교통이 좋아 만족하고 있었다. 그런데, 친한 친구 하나가 강남구 논현동 G아파트 42평형으로 이사를 한 후 갑자기 마음속 깊은 곳에서 스멀스멀 욕망이 하나 올라오는 것이었다. '아, 나도 강남 살고 싶다!' 강남으로 이사 가고 싶은 생각은 원래 나의 것이 아니었다. 친구가 강남으로 이사한 후 생긴 것이다. 친구의 욕망을 욕망한 것이다. '사당동'에 뒷산도 있고 교통이 좋아도 이제 나의 욕망은 '강남'이다. 이제 돈벌이의 목적도, 삶의 모든 방향도 강남으로의 진출이다. 전에는 안 그랬는데, 이제는 강남으로 이사 간 친구를 만나면 자꾸 이상한 감정이 생긴다. 그것이 지라르가 언급한 모방욕망으로부터 생기는 모방갈등, 더 나아가 모방폭력으로 이어지는 감정이다.

모방욕망은 남의 것을 보고 생긴 감정이기에 지극히 관계적인 감정이다. 그 친구가 아니면 생기지 않았을 것이기에, 그 친구로 인해 생긴 그 감정은 숨어 있다가 그 중개자(라이벌)가 나타나면 꿈틀꿈틀 나타나서 나를 괴롭힌다. 그래서 지라르의 모방욕망은 모방폭력이라는 관계적 갈등으로 진화된다. 이 모방욕망은 자발적이고 개인적인 욕망이 아니고 관계적인 욕망이기에, 남을 의식하고, 남과 비교하고, 남을 대상으로 생각하고, 남과 경쟁하는 지경으로 몰아간다. 참으로 피곤하게 만드는 것이 우리의 모방욕망이다.

앞서 언급한 롯의 욕망이 이 모방욕망이다. 롯은 이방인이었다. 그러나 그 지역에 살면서 롯은 지역 유지들로부터 그가 가지고 있지 않았던 욕망을 보았다. 롯은 '나도 이 땅에서 자리 잡고 싶다!'는 욕망을 갖게 되었고 전쟁을 통해서라도 그 욕망을 이루고 싶었을 수 있다. 롯은 소돔 왕과 고모라 왕의 욕망을 모방하면서 메소포타미아 네 나라와의 세계대전에 참전했던 것이다. 롯의 욕망은 자기 것이 아니라 남의 것을 모방한 모방욕망이었다. 욕망의 주체인 롯은, 욕망의 라이벌인 소돔 왕을 통해 욕망의 대상인 평화, 즉 그 땅에서 자리 잡고 싶은 안정감을 욕망한 것이다.

〔표 2〕 욕망의 삼각형 triangular desire

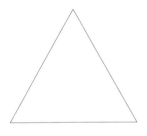

모방짝패

두 번째 개념은 '모방짝패 / 패거리 mimetic doubles'다. 나(욕망의 주체)는 사실 내 욕망이 무엇인지 잘 모른다. 그저 라이벌이 욕망하는 것을 모방할 뿐이다. 삼각형의 구도 안에서 이제 주체(나)와 라이벌(너)은 같은 목표를 바라보고 있기에 모방 경쟁 구조 속으로 들어간다. 처음에는 주체(나)와 라이벌(너) 중에 힘이 센 사람이 약한 사람의 욕망을 지배하려 한다. 창세기 14장에 나온 전쟁 이야기의 예가 그렇다. 전쟁을 주도한 그돌라오멜과 그의 연합국 왕들은 원래부터 한 팀이 아니었을지도 모른다. 왜냐하면 성경은 주변의 약소국들이 한 패권자인 그돌라오멜에게만 조공을 바쳤다고 했기 때문이다. "이들이 십이 년 동안 그돌라오멜을 섬기다가 제 십삼 년에 배반한지라"(창 14:4). 즉, 그돌라오멜과 그의 연합국들은 원래부터 한 팀이 아닌, 그돌라오멜의 욕망을 모방해서 함께한 모방 국가들일 뿐이라는 것이다.

모방짝패 이론은 주체와 라이벌이 어떤 특정 단계를 넘어서면, 패거리를 형성해서 모방폭력을 조장한다는 이론이다. 지라르는 "욕구 불만이 어떤 단계를 넘어서면, 서로 대립하던 자들은 서로 다투던 그 대상으로부터 더 이상 만족을 얻지 못한다. 살아있는 장애물, 즉 스캔들에 의해 서로 흥분해 있는 그들은 이제부터 서로가 서로에 대한 스캔들이 된다. 이리하여 모방의 '짝패'를 이룬 그들은 자신들이 다투던 애초의 대상은 잊어버리고 가슴에는 분노만 가득한 채 서로가 서로를 반대하게 된다. 이때부터 이들 각자가 맹렬히 뒤좇는 것은 바로 모방의 경쟁자다[2]"라고 주장한다.

그돌라오멜을 제외한 메소포타미아 연합국은 그돌라오
멜을 섬기던 나라들이었을 수 있다. 그런데 그돌라오멜에서
시작된 모방폭력이 모방짝패로 발전하면서, 이제는 주체와
라이벌의 의미가 사라졌다. 이제 그들은 더 큰 모방폭력의 구
도에 들어가게 되었다. 한스 부르스마Hans Boersma는 이 부분을
"모방 경쟁의 순환이 계속됨에 따라 그것은 '모방 전염mimetic
contagion' 또는 '모방 눈덩이mimetic snowballing'가 되어 타인들에
게 퍼져 나간다. 이 과정이 걷잡을 수 없게 되어 폭력의 분출
에 다다르고, 이로써 자기 파멸에 이르게 되는 것을 막기 위해
집단은 무의식적으로 탈출구를 물색하게 되는데 이를 '희생
양'에서 발견한다[3]"라고 주장한다.

부르스마의 언급대로, 원래 원 팀이라고 단정할 수 없는
메소포타미아 연합국은 자기들 안에서 '모방폭력의 전염'이
발생하기 시작하자, 즉 모방폭력의 패거리가 되자 그 모방폭
력을 해소할 개인 혹은 집단을 찾게 된다. 그들이 바로 그돌라
오멜에게 조공 바치기를 거부한 소돔 왕 중심의 가나안 지역
다섯 연합국이었다. 메소포타미아 지역의 네 왕은 모방짝패
가 되어 모방폭력을 분출해 내지 않으면 스스로 괴멸될 수밖
에 없었다. 그래서 그들은 가나안 지역의 다섯 연합국을 희생
양으로 삼고 900km가 넘는 서진西進을 강행하여 공격을 감행
하기로 결정한 것이다. 일본 천하를 통일했던 도요토미 히데
요시가, 각 지역에서 일어난 사무라이 모방짝패들을 일본 열

도에만 묶어 두면 모두 다 자멸할 것을 알고 조선을 희생양 삼아 임진왜란을 일으킨 것과 같은 맥락이다.

지라르는 사탄을 단순한 악령으로 묘사하지 않는다. 사탄은 모방욕망과 모방폭력 그리고 모방짝패를 통해 사람들의 마음을 공포와 시기와 원망과 폭력으로 몰아가는 어둠의 힘이다. 사탄은 모방폭력을 이용해 공중의 권세를 잡은 자(엡 2:2)이고, 군중의 인지불능을 획책하는 거짓의 아비(요 8:44)이다. 인류는 이 거짓된 이야기를 만들고 이것을 진실이라고 철석같이 믿으면서 살았던 것이다.[4] 지라르의 공헌은 여기에 있다. 우리는 사탄의 존재를 심리적, 형이상학적 존재로만 규정하거나, 일부 신사도적 열광주의자들만 식별할 수 있는 영적 존재로 규정했는데, 지라르는 사탄이 이런 모방욕망을 가진 인간을 모방폭력으로 조장하고 있다고 했다. 아담과 하와 때, 즉 태초부터 인간이 어떤 메커니즘으로 작동하는지 알아채지 못하도록 인지불능 상태로 지속시켜 왔는데, 예수 그리스도의 십자가를 통해 우리 앞에 그 책략과 거짓이 드러난 것이다. "이 지혜는 이 세대의 통치자들이 한 사람도 알지 못하였나니 만일 알았더라면 영광의 주를 십자가에 못 박지 아니하였으리라"(고전 2:8).

그러나 사탄의 모방폭력 작동, 즉 모방짝패가 전쟁 등과 같이 무시무시하고 흉물스러운 형태로만 우리 주변에 다가오는 것은 아니다. 상업적 차원의 유행 역시 모방욕망에 근거한다. 현대 사회에서는 기업이 어떤 상품을 홍보할 때, 절대 그 물건의 장점만 이야기하지 않는다. H사는 신차의 엔진 성능, 디자인, 이전 차종과의 차이점만 홍보하지 않는다. 그 물건의 성능만큼 중요한 것이 광고할 때 어떤 모델을 쓰느냐, 어떤 연예인을 쓰느냐이다. 같은 제품이어도 BTS가 광고하면 10배 더 많이 팔린다. 모방욕망 메커니즘이 작동하는 것이다. 그러면서 유행은 시작된다.

전지○의 머리띠, 김혜○가 든 C사의 핸드백은 단순한 머리띠나 핸드백이 아니다. 그녀들이 가졌기에 대중도 갖고 싶어진다. 그런데 이런 단순한 모방욕망을 넘어서, 이것을 안 하면 주류에 못 끼고 시대에 뒤처지고 왕따가 되어 버린다. 이것이 유행이 불러오는 모방짝패이다.

유독 한국은 이 흐름이 심하다. 어떤 헤어스타일이 유행하면 젊은이들은 대부분 그것을 따라한다. 동그란 안경이 유행하면 남녀노소 할 것 없이 그 안경을 쓴다. 그 흐름에 합류하지 않으면 안 될 것 같은 압박을 받는다. 그것이 거대하게 흐르는, 거부하지 못하는, 남을 모방하는 패거리 문화이다. 요즘 유행하는 문화 속에서는, 젊은이가 나팔바지를 입고 무테안경을 쓰고 오래된 작은 차를 타고 다니면 '루저'가 된다. 무서운 모방짝패 문화다. 이런 문화 속에 배태되어 있는 사탄의 모방폭력을 알아차려야 하는 것이다. 소비문화 자체가 사탄적이라는 말이 아니라 그런 사업성 뒤에 숨겨진 욕망의 흐름을 사탄이 이용한다는 것이다.

희생양 메커니즘

세 번째 개념은 '희생양 메커니즘scapegoating mechanism'이
다. 모방짝패는 모방폭력을 수렴하는 현상을 가져온다. 군중
으로 변한 한 패거리는 자기들 안에 만연한 모방폭력을 분출
해야만 한다. 그렇지 않으면 '모두를 향한 모두의 싸움all against
all'이 되기 때문이다. 이제 그들은 '우리와 다른 자'를 골라낸
다. 이들은 자신들 패거리를 위해 무참히 짓밟을 희생양을 찾
는다. 외국에 오래 살다가 전학 온, 영어가 능통하고 한국말
이 서툰 아이는 왕따가 되기 쉽다. 상사에게 유난히 인정받는
예쁘고 잘생긴 신입사원은 외톨이가 되기 십상이다. 이 희생
양은 '보편적 우리'가 아니다. '보편적 우리'가 추구하는 것(뛰
어난 외국어 실력, 상사의 인정 등)을 가진, 눈에 띄는 '잘난 자'이
다. 이질적인 '너'가 되는 순간, 희생양이 될 수 있다. 외국인,
장애인, 유별난 사람, 공산주의자, 전염병을 가진 사람 등, 근
본적인 문제와 상관이 없더라도 보편적인 우리의 세계를 무
질서의 세계로 만들어 놓는 '그 잘난 사람'은 이제 모든 문제
의 원흉이 되어 '희생양'으로 처리되어야만 한다.[5] 그렇지 않
으면 그 공동체는 '한 사람을 향한 모두의 싸움all against one'이
아니라 '모두를 향한 모두의 싸움all against all'을 함으로써 붕괴
될 위험에 처하기 때문이다.

창세기 14장에서 그돌라오멜이 만든 모방폭력적인 분위기, 즉 한 패거리로 뭉치지 않으면 그 지역에서 살아남기 어렵다는 것을 안 메소포타미아의 왕들은 모방짝패(모방 패거리 그룹)에 합류한다. 자기로 인해 발생할 수 있는 '모두를 위한 모두의 싸움'이 그리 생산적이지 않다고 판단한 왕들은 그돌라오멜과 한 패거리로 결합한다. 이제 그들은 자신들의 모방폭력을 풀어 낼 '보편적 우리'가 아닌 '나와 다른 너'를 찾는다. 12년 간 조공을 바쳐오다가 바치지 않는 가나안 지역의 다섯 왕들이 그 대상이 된다.

이 뒤에는 사탄의 모략이 작동하고 있다. "사탄은 모방 욕망의 경쟁 관계를 이용해 스캔들의 수렴 현상을 만들어 내고 무고한 희생양을 죽이는 군중의 카타르시스를 통해 질서를 유지하는, 눈에 보이지 않는 권력인 셈이다. 예수님은 십자가에서 이와 같이 말씀하신다. '아버지여 저들을 용서하여 주옵소서. 그들은 자기들이 하는 일을 모르고 있습니다'(눅 23:34)."[6] 이런 희생양 메커니즘을 작동시키는 사람들은 그들의 모방욕망을 지배하는 사탄의 힘을 전혀 알아채지 못한다. 스스로 멈춰서 자신의 욕망을 살펴볼 마음의 여유가 없기에, 미쳐 돌아가는 모방욕망과 모방짝패 그리고 희생양 메커니즘에 휩쓸려 살아가는 것이다.

롯은 포로가 된 반면, 전쟁을 일으킨 소돔 왕은 포로가 되지 않았다. 이것은 희생양 메커니즘의 관점에서 볼 때 시사하는 바가 크다.

> 아브람이 그의 조카(롯)가 사로잡혔음을 듣고(창 14:14).

> 아브람이 그돌라오멜과 그와 함께 한 왕들을 쳐부수고 돌아올
> 때에 소돔 왕이 사웨 골짜기 곧 왕의 골짜기로 나와 그를 영접
> 하였고(창 14:17).

분명히 전쟁 발발의 촉매제는 소돔 왕의 조공 거절이다
(창 14:4). 그리고 강대국 메소포타미아 왕들은 가나안 다섯
왕을 정벌한다. 패전의 기운을 감지한 소돔 왕과 고모라 왕은
산으로 달아난다(창 14:10). 그러나 아브라함의 조카 롯은 잡
혀서 포로로 끌려간다(창 14:12). 왜 롯이 끌려갔을까? 변변한
무기도 없이 젊고 치기 어린 마음만 내세우다가 잡혔을까? 성
경은 우리에게 충분한 정보를 제공하지는 않는다. 그러나 전
쟁은 '무기전' 이전에 '정보전'이고 '각개전투' 보다는 '부대'
로 움직이는 특성이 있음을 감안해 보면, 또 롯이 이방인이었
음을 전제해 보면, 그는 부대가 어떻게 치고 빠지는지도 몰랐
고 함께 움직일 부대도 없었을 것이다. 이런 합리적 추론에 근
거해 보건대, 롯은 외톨이였고 왕따였다.

소돔 왕이 주축이 된 가나안 다섯 나라 왕들 앞에서 롯은
그저 일개 이방인이었다. 위기의 순간에는 그냥 버려질 수밖

에 없는 희생양이었다. 소돔 왕이 도망할 때, 롯에게 철수 명령을 내리지는 않은 것으로 보인다. 창세기 14장 11-12절에 보면 메소포타미아 연합국의 네 왕이 포로와 전리품을 챙겨 갈 때에 롯 외에 잡혀간 명단은 없다.

> 네 왕이 소돔과 고모라의 모든 재물과 양식을 빼앗아 가고, 소돔에 거주하는 아브람의 조카 롯도 사로잡고 그 재물까지 노략하여 갔더라(창 14:11-12).

소돔 왕과 그의 연합국의 인명 피해는 없어 보인다. 아브라함이 되찾는 상황을 기술한 16절을 봐도 마찬가지다.

> 모든 빼앗겼던 재물과 자기의 조카 롯과 그의 재물과 또 부녀와 친척을 다 찾아왔더라(창 14:16).

아브라함이 이기고 되찾은 사람들은 조카 롯과 부녀와 친척인데, 과연 누구의 부녀와 친척인지는 알 수 없다. 만약 주어를 롯으로 본다면, 포로로 끌려갔던 사람들은 롯과 롯의 부녀와 롯의 친척으로 이들만 피해를 본 것일 수 있다. 그런 관점에서 본다면, 롯은 철저히 희생양이었던 것이다. 마치, 간음한 여인을 현장에서 잡아 데리고 왔음에도 불구하고 사람들이 남자는 데려오지 않고 힘없는 여인만 데리고 온 것처럼

(요 8:4), 롯도 가장 힘없고 가장 넘겨주기 쉬운 대상이기에 가나안 왕들 대신 포로로 끌려갔을 수 있다.

이렇듯 희생양 메커니즘이 발생할 때는 모방폭력의 전염성이 가장 극대화 될 때다. 죄는 이렇게 작동한다. 소돔 왕과 그의 연합국들은 자기들이 살기 위해 한 사람과 그의 재산과 그의 가족을 희생양으로 바치는 것에 눈 하나 깜짝하지 않는다. 가해하는 패거리는 그들이 당한 재난의 책임이 그 희생자에게 있으며, 평화와 질서의 회복을 위해서는 폭력만이 유일한 수단이라고 믿게 된다. 이러한 희생양 메커니즘이 어떻게 작동하는지 알아차리지 못하게 하는 무지만 남는다.[7] 이런 무지와 인지불능이 희생양을 향한 린치lynch를 더욱 가혹하게 만든다.

희생양 메커니즘이 발발한 이후에 모방폭력은 사그라진다. 이제 패거리들은 희생양으로 인해 얻은 평화 상태에 안심한다. 롯 때문에 소돔 왕은 산에서 내려올 수 있었다. 패거리들은 일상을 회복한다. 이런 일시적 평화는 오직 희생양이 만들어 준 평화이다. "분노에 가득 찬 무리는 희생자를 죽였지만 이제는 바로 똑같은 그 희생양에게 신성을 부과한다. 오이디푸스는 왕이 되고, 요셉의 형제들은 요셉에게 절을 하고… 이번에는 무질서함과 비참의 원인을 희생양에게 전이시키는 것이 아니라 평화로운 결과를 신성한 희생자에게 전이시키는 것이다."[8]

이때 희생자에게는 두 가지 역할이 동시에 부여된다. 하나는 이 공동체를 위기로 몰아넣은 원흉cause of the crisis 역할이고, 다른 한편으로는 이 공동체의 위기를 넘어가게 한, 그래서 평화를 가져온 신적 존재the sacred one가 된다. 월터 윙크도 이 부분을 이렇게 설명한다. "필요한 희생은 동시에 저주 받은 것이요, 또 생명을 주는 것으로 간주됨으로써 거룩하게 된다. 그의 혹은 그녀의 죽음에 대한 보상으로서, 희생자는 특별한 영예를 부여받으며 때로는 신의 위치로 격상된다."[9] 이런 희생양 메커니즘에서 종교의 기원을, 그리고 문화 속 깊은 곳에 작동하고 있는 폭력을 볼 수 있다.

신화 만들기

네 번째 개념은 '신화 만들기'이다. 모방폭력으로 인한 모방짝패의 폭력 패거리 현상은 더 이상 모든 문제의 원인을 밝혀내는 데는 관심이 없다. 그저 그런 모방폭력의 린치를 내가 당하지 않기를 바랄 뿐이다. 모두가 모방폭력의 회오리 현상snowballing에 긴장하고 있다. 그런 긴장이 고조될수록 이 긴장을 해소시킬 희생양을 찾는다. 이것이 희생양 메커니즘이다. 이런 토양에서 폭력, 종교 그리고 문화의 기원이 설명될 수 있다.

첫째, 공동체 구성원들은 모방폭력이 비등한 상태에서 희생자를 잡아 제의적 희생을 시행한다. 폭력과 종교의 상관관계가 이루어진다. 종교는 사회의 평안을 위하여 봉사하는 조직화된 폭력organized violence in the service of social tranquility이며 폭력의 기원에 대한 기억상실증을 제도적으로 구조화하여, 폭력의 대가를 희생자에게 덮어씌우는 것으로 출발한다.[10]

둘째, 사람들은 이 원시 제의적 살인을 멋들어진 신화적 서술로 만든다. 이때, 희생자는 신적인 존재로 등극한다.《심청전》을 보면, 가부장적 사회에서 비명횡사한 소녀 '심청'은 가부장제를 유지하는 '아버지'라는 인물을 살리는 '신적 존재'로 등극한다. 희생당한 자는 미화되어 조직과 공동체를 살린 주인공이 되고, 기득권자들은 이렇게 희생당한 자들의 피 위에 자신들의 자리를 더욱 공고히 한다.

셋째, 종교적 금기나 터부는 모방경쟁이 경계 안에 머물게 하여 다시는 용인되는 수준을 넘어설 정도로 확산되지 않게 한다.[11] 즉, 모방폭력과 희생양 메커니즘 작동으로 인해 공동체 구성원은 저들마다의 기준을 갖게 되고 그 선을 넘지 않으려 한다. 그것은 그 공동체의 문화가 된다. 폭력과 종교와 문화가 어떻게 연결되어 있는지 설명한다. 그 안에서 수긍하는 사람은 그 공동체가 주는 평화를 누린다. 사실 이 평화는 일시적이고 가공적인 상품이다. 바로 신화적 평화요 거짓 평화이다.

신화는 박해자에게는 죄가 없고 희생물한테 죄가 있다고 표현함으로써, 진실을 숨긴다. 신화는 항상 속이고 있는데, 그 이유는 신화 자신도 속고 있기 때문이다.[12] 이런 작업을 하는 자가 사탄이다. 지라르는 이렇게 꼬집는다. "사회 전체로 하여금 그 희생양에게 죄가 있다고 믿도록 설득하는 모방이 바로 사탄이다. … 사회를 극도로 흥분시키면서 사탄은 신화를 만들어 낸다."[13] 사탄은 인간 안의 모방욕망을 너무도 잘 이용한다. 이 모방욕망이 어떻게 모방폭력으로 쉽게 발현될 수 있는지 잘 알고 있다. 그리고 사탄은 이 모방욕망으로 모방짝패를 통한 사회 내 무질서를 고조시키고, 그것을 무마하기 위해 희생양 메커니즘을 작동시키며, 희생자를 처리함으로 일시적 질서의 회복을 꾀하고[14] 그 희생자가 한 공동체를 살렸다는 거짓 이야기 즉 신화를 만들어 낸다.

창세기 14장을 진두지휘하는 자는 사탄이다. 사탄은 그 돌라오멜 왕과 소돔 왕으로 대표되는 메소포타미아 지역과 가나안 지역 왕들 안의 모방욕망을 자극한다. 그리고 그들 안에 '더 강한 힘'이라는 공동의 목표를 욕망하게 만들고 서로의 욕망을 모방하게 함으로써 모방폭력으로 진입케 한다. 곧 이들은 함께 죽는 길인 내전을 선택하기보다, 한 패거리가 되어 즉 모방짝패로 연합하여 더 힘이 없는 그러나 충분한 전쟁 목적을 준 소돔 왕이 속한 가나안 지역 연합국을 공격한다. 그들을 희생양 삼은 것이다.

그러나 희생자는 엉뚱한 자가 된다. 대패를 당한 가나안 연합국은 산으로 숨어들어 가고 가장 힘이 없는 이방인 롯이 포로로 잡혀간다. 그러나 아브라함의 등장과 함께 롯은 간신히 구출되고 소돔 왕은 아브라함과 그의 조카 롯을 신화적 존재로 인정해 준다.

> 아브람이 그돌라오멜과 그와 함께한 왕들을 쳐부수고 돌아올 때에 소돔 왕이 사웨 골짜기 곧 왕의 골짜기로 나와 그를 영접하였고(창 14:17).

그 지역의 수장인 소돔 왕이 희생양으로 치부했던 롯과 '듣도 보도 못하던 이방인' 아브라함을 인정한 것이다. 이제 아브라함과 롯의 이야기는 이방인들에게 신화가 되었다. 만약 아브라함과 롯이 소돔 왕의 영접과 제안(창 14:21)을 넙죽 받았다면 그들은 사탄의 신화 만들기에 이용당했을 것이다. 소돔 왕의 영접과 제안이 무슨 의미인 줄 알았기에, 아브라함은 그것을 단호히 거부한다. 아브라함은 사탄이 모방욕망과 모방폭력으로 어떻게 신화를 만들고 작동시키는 줄 알았기에 단호하게 이야기한다.

> 아브람이 소돔 왕에게 이르되 천지의 주재이시요 지극히 높으신 하나님 여호와께 내가 손을 들어 맹세하노니, 네 말이 내가 아브람으로 치부하게 하였다 할까 하여 네게 속한 것은 실 한 오라기나 들메끈 한 가닥도 내가 가지지 아니하리라(창 14:22-23).

아브라함은 '신화 만들기' 뒤에 숨어 있는 사탄의 음모를
파악하고 있었다.

성경의 탁월성

마지막으로, 다섯 번째 개념은 성경의 탁월성이다. 창세
기 14장의 내러티브는 일반 문학과 다른 점을 보여 준다. 일
반 신화 이야기는 어떻게 가해자들이 모방폭력으로 사회와
공동체 구성원들을 지배하고 있는지, 그리고 그 지배 하에서
강자 위주의 문화가 어떻게 형성되었는지 보여 준다. 지라르
는 우주 안에 신화, 제례의식, 그리고 종교의 힘에 대해 대항
하는 힘이 있는데, 그것은 영원한 거짓말을 폭로하려는 경향
을 가진 것으로써, 바로 기독교의 복음이라고 주장한다.[15] 창
세기 14장의 내러티브가 일반 문학과 다른 점은 신화적 접근
을 하지 않았다는 것이다. 신화myth적 접근이란 약자의 소리
를 음소거mute시키는 작업이다.[16] 즉 약자의 소리는 묻히고
강한 자의 힘과 소리만 그 공동체를 지배하는 것이다.

그러나 성경은 신화적 이야기를 소개하지 않는다. 이방
인이었던 아브라함과 롯의 소리를 음소거시키지 않는다. 소
돔 왕의 제안에 어느 이방인이 '아니오'라고 대답할 수 있겠
는가? 당시 토호 세력에게 인정받는 것, 요즘 말로 하면 '영주
권 받는 것'은 이방인들의 염원한 숙제요 희망일 것이다. 그런
아브라함에게 소돔 왕의 제안은 솔깃하고 구미가 당기는 것

이었다. 모방욕망을 가진 인간이라면 그 유혹을 뿌리치기가 쉽지 않을 것이다. 그럼에도 불구하고 아브라함은 강자들의 이야기만 있고 약자들의 소리는 음소거 된, 그런 신화적 상황을 거부하고 다시 스스로 이방인으로 돌아간다. 하나님만 믿고 자발적 이방인으로 살기로 결정한다. 이때, 소돔 왕의 신화는 박살난다. 소돔 왕을 지배하던 사탄의 모방폭력 작동이 드러나고 고발되는 것이다.

성경 본문(내러티브)은 이런 모방폭력 가해자의 잔인성의 뿌리가 무엇인지 그리고 그 폭력성이 얼마나 무시무시한지 잘 드러내 준다. 월터 윙크는 "성경은 박해받고 고난 당하는 사람들을 회복시킨다. 하나님은 희생을 요구하는 자로서가 아니라, 희생당하는 자들에 동참하는 자로서 계시된다"[17]라고 설명한다. 미로슬라브 볼프 역시 "가해자들의 행위를 정당화하기 위해 가해자의 관점을 취하는 전형적인 신화적 텍스트와 달리, 가인과 아벨 이야기가 희생자의 관점을 취해 가해자를 정죄하고 있음을 깨달을 때 이 이야기의 온전한 의미가 드러난다"[18]고 주장한다.

'지라리안' 학자 중의 한 사람인 마이클 컬완은 성경 내러티브의 취지는 서양 문학과는 결이 전혀 다르게 흘러가고 있음을 강조했다.[19] 컬완은 성경 내러티브가 순전한 희생양의 죽음의 이유를 밝히 드러내고 있으며 그가 당하는 모방폭력 가해자들의 만행을 적나라하게 드러내고 있다고 설명한다.[20]

또 다른 학자인 레이몬드 슈바거 역시 "서양의 세속주의가 단지 사회적 질서와 평화의 종교적이고 신화적인 기반을 승화시켜 온 반면 기독교는 전통적 신화를 실제로 전복시켰다. 오로지 기독교와 성경만이 폭력의 가면을 벗기는 역할을 담당해 왔다"[21]고 강조한다. 성경의 내러티브는 하나님이 박해자들의 편이 아닌 순전한 희생자의 편에 서 계심을 보여 준다.

지라르 역시 이런 면에서 기독교의 가치를 높이 평가하고 있다. "신화의 해석은 집단 폭력의 희생물을 죄인으로 표현하고 있는데, 이 해석은 완전히 잘못이고, 환상이며 그러므로 거짓이다. 반면에 성경의 해석은 이 희생물을 무고한 존재로 표현하고 있는데, 이 해석은 본질적으로 정확하고, 믿을 만하며 그러므로 참이다."[22] 기독교는 일반 문학에서 보여 주지 않는 가치를 보여 준다. 기독교는 신화와 완벽하게 대칭을 이루는데, 이런 대칭성 때문에 기독교의 특성이 잘 드러난다. 신화의 주인공이 신성시되는 이유는 폭력을 폭력적으로 감추는 것에서 비롯된 데 비해, 그리스도가 신성시되는 이유는 자신의 무죄뿐 아니라 같은 유형의 모든 희생양들의 무고함을 분명히 드러내는 그의 말 그리고 특히 기꺼이 받아들인 자신의 죽음이 가진 계시의 힘 때문이다.[23]

이제 이런 지라르의 렌즈로 성경을 해석해 보자. 우리에게 익숙한 성경 본문들 중에 지라르의 관점으로 새롭게 볼 수 있는 이야기들을 다시 살펴보자. 신화성이 깃든 일반 문학과 다르게 성경의 이야기에서 하나님은 어떻게 모방욕망과 모방폭력에 빠져 있는 군상들의 소리에 귀 기울이시는지 살펴보자. 그리고 어떻게 성경만이 창세전부터 숨겨 놓았던 모방폭력의 민낯을 완전히 드러내는지 찾아보자. 이제 우리는 지라르의 모방욕망 렌즈를 갖게 되었고, 이 렌즈로 성경을 읽고 싶은 마음이 들 것이다. 등장인물 한 명 한 명을 그 렌즈로 볼 수 있을 것이다. 그들과 대화해 보자. 왜 너는 너의 진짜 갈망을 찾지 못하냐고, 왜 남의 것만 그렇게 모방하냐고, 왜 그 모방짝패에 빠져서 벗어나지 못하냐고, 말 건네 보자. 그리고 나 자신에게도 말해 보자. 너는 정말 네 열망을 찾았냐고, 네가 지금 가고 있는 그 길이 정말 네가 원하는 길이냐고, 너는 왜 그렇게 남을 의식하냐고, 너는 왜 남들이 하는 것을 아무런 비판 없이 따라 하기만 하냐고, 나 자신에게도 한번 물어 보자. 성경의 인물들에게 말 건네 보고, 그들의 소리를 들어 보고, 나 자신에게 말 건네 보고, 내 소리도 들어 보자.

1부에서 우리가 문학도인 르네 지라르를 만났다면, 2부에서는 이 문학도와 성경의 등장인물들이 서로 만날 것이다. 또한 문학도와 성경의 인물들이 만나면서 일어나는 영적 현상들이 나에게는 어떻게 일어나는지 살펴보고 알아차려 보자. 그렇게 할 때 이 책은 문학책이요 또 영적 성찰을 돕는 책이 될 것이다.

소그룹 나눔을 위한 질문

1. 욕망은 '모방적'이라는 말에 공감할 수 있는가? 내 삶에 어떤 부분이 그러한가?

2. 지라르는 모방욕망이 모방폭력으로 그리고 모방짝패로 강화된다고 설명한다. 나도 그런 경험이 있는가? 남의 욕망을 따라 살다가 나도 모르는 사이에 모방폭력, 모방짝패로 변해 버린 내 모방욕망을 알아차린 경험이 있는가?

3. 지라르는 모방욕망의 승자 이야기가 신화 속에 가득하지만 성경의 내러티브는 그런 승자들을 꾸짖고 약자들의 편에 선다고 강조한다. 생각나는 성경 속의 그런 예가 있는가? 왜 성경은 그런 이야기의 세계로 우리를 초대하는가?

2부 르네 지라르의 렌즈로 성경 해석하기

가인과 아벨

> 그가 또 가인의 아우 아벨을 낳았는데 아벨은 양 치는 자였고
> 가인은 농사하는 자였더라 (창 4:2).

가인과 아벨은 인류의 첫 가정을 이룬 아담과 하와의 자녀들
이다. 하나님은 하와를 주셔서 한 사람(아담)의 온전함을 채우
셨듯(창 2:18), 가인과 아벨을 주셔서 한 가정의 모습을 완성하
셨다. 가정은 자녀들의 웃음소리로 완성되는 것이라고 보여
주는 듯하다. 그러나 성경은 뭐가 그리 급했는지, 에덴에서 쫓
겨난 아담과 하와에게 주신 태의 열매(가인과 아벨)로 인해 행
복한 모습을 조금도 기술하지 않고 바로 죄와 사탄이 그 가정
을 어떻게 파괴하는지 보여 주고 있다. 성경 기자에게 중요한

것은 한 가정의 웃음이 아니라 죄와 사탄이 어떻게 움직이는지 알려주는 일 같다. 그 죄와 사탄은 앞서 이야기한 모방폭력에서 가장 활발하게 자신을 드러내고 있다.

가인의 모방욕망

아벨은 자기도 양의 첫 새끼와 그 기름으로 드렸더니 여호와께서 아벨과 그의 제물은 받으셨으나, 가인과 그의 제물은 받지 아니하신지라. 가인이 몹시 분하여 안색이 변하니, 여호와께서 가인에게 이르시되 네가 분하여 함은 어찌 됨이며 안색이 변함은 어찌 됨이냐. 네가 선을 행하면 어찌 낯을 들지 못하겠느냐. 선을 행하지 아니하면 죄가 문에 엎드려 있느니라. 죄가 너를 원하나 너는 죄를 다스릴지니라. 가인이 그의 아우 아벨에게 말하고 그들이 들에 있을 때에 가인이 그의 아우 아벨을 쳐 죽이니라(창 4:4-8).

성경은 가인의 살인이 우발적 살인이기보다는 한 문화의 모방폭력 토양에서 시작되었다고 설명한다. 그 토양의 시작은 모방욕망이다. 히브리서[1]는 하나님이 아벨의 제사를 받으신 이유를 아벨이 더 나은 제사를 드렸기 때문이라고 설명한다. 그런데 아벨이 드린 더 나은 제사는 무엇일까? 흔히들 하나님이 기뻐하시는 어린양의 피를 드렸기 때문에 하나님이

제사를 받으셨다고 믿는다. 하나님이 무슨 피에 굶주린 드라큘라인가?

가인은 아버지 아담의 가업을 이어 농사짓는 자가 되었다(창 4:2). 물론 죄로 인한 형벌이었지만 아버지 아담이 농사를 지어 그것으로 먹고 살았기에(창 3:19)[2] 장남이 가업을 잇는 것은 당연했다. 그에 비해 차남 아벨은 양을 치며 살았다. 장남이 가업을 잇고 차남이 도울 수도 있지만, 아벨은 새로운 길을 개척한 것이다. 여호와께 예배를 드리는 어느 날이었다. 이전에도 그들은 수없이 예배를 드렸을 것이다. 만약 위의 논리, 즉 하나님이 피를 더 좋아하신다는 논리대로라면 진작 가인은 아벨을 죽였을 수도 있다. 그런데, 유독 왜 이날, 그 사단事端이 난 것일까? 늘 자기의 것으로 예배를 드리던 가인과 아벨이었기에, 외형적 제물(형은 곡식, 아우는 피) 때문에 가인이 아벨을 죽였다는 것은 논리적 비약이다. 그것보다는 가인의 마음에 어떤 문제가 생긴 것이다. 늘 드리던 제물로 예배를 드렸을 텐데, 유독 그날 가인의 마음에 어떤 다른 문제가 생긴 것이다. 성경은 이렇게 말하고 있다.

> 아벨은 자기도 양의 첫 새끼와 그 기름으로 드렸더니 여호와께서 아벨과 그의 제물은 받으셨으나, 가인과 그의 제물은 받지 아니하신지라. 가인이 몹시 분하여 안색이 변하니(창 4:4-5).

가인은 아벨을 죽였다. 왜 그랬을까? 그 이유를 성경은 정확히 밝히지 않으나, 우리는 하나님이 왜 가인의 제사를 안 받으셨는지를 묻기보다 왜 가인이 아벨을 죽였는가를 물어야 한다. 성경은 가인의 살인이 모방욕망과 관련 있음을 말하는 듯하다.

앞서 언급한 지라르 이론으로 이 부분을 해석하면, 가인과 아벨 그리고 하나님의 제사 받으심은 자연스럽게 삼각형 모방이론으로 설명될 수 있다. 성경을 보면, 인간이 드린 제사를 하나님이 매번 기뻐하지는 않으셨음이 여러 군데에 나타난다. 즉 인간이 드린 제사를 항상 받으셔야 할 의무가 하나님에게 있는 것은 아니다. 제사 드리는 인간이 하나님을 만날 자격이나 준비가 되어 있지 않으면 하나님은 안 받으실 수 있다. 이사야서를 보면, 인간이 드린 제사 냄새도 싫다고 집어치우라고 말씀하신 적이 있다. 하나님은 분명 가인의 제사를 거부하실 이유가 있었다. 그래서 거부하신 것이다.

그런데 가인은 동생의 제사는 받아 주시고 자신의 제사는 받아 주시지 않은 것에 대해 심히 분노하고 있다. 여기서 가인의 모방욕망이 모방폭력으로 발현된다. 인류 최초의 살인은 하나님의 제사 거부가 아니라 가인의 모방욕망 때문이었다는 말이다. 가인은 이런 모방욕망에 걸려 넘어진 것이다. 가인이 매사에 그렇게 살았는지는 알 수 없지만, 하나님은 그의 제물만 받지 않으신 것이 아니라 가인 자체를 받지 않으셨다.

(여호와께서) 가인과 그의 제물은 받지 아니하신지라… (창 4:5).

최초의 살인은 하나님의 문제가 아니라 모방폭력에 조정당한 가인의 문제였음을 성경은 정확히 기술하고 있다. 그런 의미에서 인류 최초의 문화는 모방욕망의 굴레에 잡혀 있었다고 할 수 있다. 다른 말로 하면, 가인으로 시작된 죄와 사탄의 영향력은 형이상학적이거나 추상적인 것이 아니라는 뜻이다. 사탄은 험상궂은 귀신으로 나타나지 않는다. 사탄은 모방의 모습으로 경쟁자로 변해 사람들을 걸려 넘어지게 한다.[3] 그런 의미에서 인류 최초의 시작이 아담의 하나님 모방[4]에서 왔듯이, 인류 최초의 살인도 모방에서 왔음을 말하고 있다.

십계명에 언급된 모방욕망

하나님은 어떻게 사탄이 사람의 모방욕망을 자극해서 한 인생을 붕괴시키고, 한 가정을 넘어뜨리며, 한 사회를 파괴하는지 잘 아시기에 이 모방욕망에 대한 우려를 십계명에 언급하셨다.[5] 십계명의 후반부(여섯 번째 계명부터 열 번째 계명)는 폭력에 대한 것이다.

(여섯 번째 계명은) 살인하지 말라.

(일곱 번째 계명은) 간음하지 말라.

(여덟 번째 계명은) 도둑질하지 말라.

(아홉 번째 계명은) 너희 이웃에 대하여 거짓 증언하지 말라(출 20:13-16).

여섯 번째부터 아홉 번째까지는 관계로 인해 생기는 크고 작은 폭력에 대한 언급이다. 작게는 거짓 증언에서 시작하여 도둑질, 간음, 심지어 살인에 이르기까지의 폭력에 대해 금지한 계명이다. 그런데 하나님은 열 번째 계명에서 그 폭력의 원인에 대해 정리하신다. 그 원인은 모방욕망이라는 것이다.

(열 번째 계명은) 네 이웃의 집을 탐내지 말라. 네 이웃의 아내나 그의 남종이나 그의 여종이나 그의 소나 그의 나귀나 무릇네 이웃의 소유를 탐내지 말라(출 20:17).

이 부분에 대해 지라르는 이렇게 흥미롭게 기술한다.

열 번째 계명을 읽어 보면 이 입법자가 공들여서 그 계명을 만들고 있는 지적 과정이 느껴진다. 사람들이 서로 싸우는 것을 막기 위해 입법자는 무엇보다도 사람들이 서로 가지려고 끊임없이 다투는 대상을 모두 금지시키기 위해 그 항목을 열거하기로 마음먹는다. 하지만 그는 얼마 안 가서 그 항목이 너무 많아서 일일이 다 열거할 수가 없다는 것을 눈치 챈다. 그래서 도중

96

에 그만둔다. 그는 항상 변하는 대상들에 대해 일일이 강조하기를 단념하고, 차라리 항상 존재하고 있는 이웃에게 방향을 돌린다. 우리는 언제나 누군가의 것에 속하는 모든 것을 욕망하는데, 그는 바로 우리 이웃이다. … 사람들은 욕망이 객관적이거나 아니면 주관적이라고 생각하고 있다. 하지만 욕망은 사실 그 대상을 가치 있게 만드는 타인에 근거하고 있는데, 이 타인은 곧 가장 가까이 있는 제삼자 즉 이웃이다. 사람들 사이의 평화를 유지하기 위해서는, '이웃이 우리 욕망의 모델'이라는 분명히 확인된 이 중요한 사실에 비추어서 금기를 보아야 한다. 이것이 바로 내가 모방욕망이라 부르는 것이다.[6]

이렇듯 제일 마지막 열 번째 계명은 단순히 남의 것을 탐내지 말라는 도덕적 규범이 아니라, 우리 인간이 타락 이후 이 모방욕망에 붙잡힌 존재라는 사실을 천명한 것이다. 이 모방욕망에 잡혀 있는 이상 사탄은 이 모방욕망을 매개로 앞의 계명들을 지키지 못하게 한다. 즉 모방욕망으로 서로 '살인하게 하고, 간음하게 하며, 도둑질하게 하고, 거짓 증거하게 한다'는 말이다. 지라르 역시 이렇게 말하고 있다. "이웃의 것에 대해 모방욕망하지 않았다면 결코 살인도, 간음도, 절도도 그리고 거짓 증언도 하지 않을 것이다. 열 번째 계명만 지켜지면 앞선 네 계명은 없어도 되는 동어 반복이 되고 말 것이다."[7]

이러한 지라르의 모방욕망에 관한 언급, 사탄의 정체에

대한 고발은 기독교를 규범적 종교로 머물게 하지 않고 실존적이고 현실적인 종교로 옮겨 놓는다. 즉 기독교를 낡은 옷장 속의 유물로 머물게 하지 않고, 현재를 살아가는 우리네 욕망을 그대로 투영해 줘서 나의 욕망이 어디서 왔는지 보게 해 준다. 이 욕망이 정말 내 것인지 아니면 남의 것을 모방한 것인지, 이 욕망이 지향하는 게 더 큰 야심과 야망은 아닌지 성찰할 수 있도록 돕는다. 성경은, 처음부터 이 모방욕망으로 죄가 들어왔고 첫 살인이 시작되었기에 십계명을 통해 모방욕망의 정체를 드러내고자 한다.

성경 내러티브만의 가치

이것이 성경 내러티브의 특징이다. 지라르는 고문서학과 서양 고전을 전공하며 수많은 고전에서 모방욕망을 밝혀냈다. 뒤늦게 그는 성경을 읽으며 서양 고전에서 발견하지 못한 특징을 발견한다. 서양 고전은 가해자 중심의 기술로, 비록 가해자가 모방욕망을 통해 피해자에게 어떤 폭력을 가할지라도 가해자는 피해당하지 않는다. 오히려 피해자만 역사 속으로 사라지고 역사는 가해자의 편에서 굴러가기 마련이다. 그런데, 성경의 내러티브는 그렇지 않다는 것이다.

《로마건국신화》에서 로마의 건국자인 로물루스는 쌍둥이 동생 레무스를 살해한다. 로마의 건국은 형제 살해라는 끔찍한 피의 역사로 시작된다. 동생을 죽인 로물루스는 기원전 8세기에 나라를 세우고 자신의 이름을 따서 '로마'라고 불렀다. 그 로마는 후에 '로마에 의한 평화'라는 팍스 로마나Pax Romana의 시기를 구가하며 1,000년 가까이 지속된다. 지금도 세계의 여러 나라가 새로운 로마를 꿈꾸며 로마의 상징이었던 독수리를 국조國鳥로 삼거나 국기國旗에 독수리를 새겨 넣기도 한다. 힘의 상징인 로마, 국가 번영의 상징인 로마의 국조國朝 로물루스는 이렇게 모든 이의 선망의 대상이 된다. 이것이 세상의 내러티브다. 세상이 조장하는 내러티브는 철저히 모방폭력의 가해자 편이다.

그런데 성경은 다르다. 일반 문학 내러티브는 가해자 이름을 높이고 강자의 논리에 편승하지만, 성경은 형 가인의 모방폭력을 고발한다. 일반 문학처럼 강자의 살인을 숨기지 않는다. 성경에서 하나님은 모방폭력에 붙들린 강자의 실체를 고발하고 약자의 편에 서신다.

여호와께서 가인에게 이르시되 네 아우 아벨이 어디 있느냐. 그가 이르되 내가 알지 못하나이다. 내가 내 아우를 지키는 자니이까. 이르시되 네가 무엇을 하였느냐. 네 아우의 핏소리가 땅에서부터 내게 호소하느니라(창 4:9-10).

이것이 성경의 위대한 점이다. 사탄이 강자에게 들어가 모방폭력으로 약자들을 휘두르려 할 때, 하나님은 이 모방폭력을 고발하고 약자의 편에 서신다. 그러나 하나님은 이 강자이며 살인자인 가인을 그냥 내치지 않으신다. 하나님의 심판 목적은, 그 내쳐진 자(가인)가 다시 모방폭력의 희생물이 되어 새로운 모방짝패가 일어나는 것을 막으시려는 것이다. 그래서 하나님은 가인에게 표를 주시고 그로 인한 또 다른 모방폭력을 방지하신다.

가인이 여호와께 아뢰되, 내 죄벌이 지기가 너무 무거우니이다. 주께서 오늘 이 지면에서 나를 쫓아내시온즉 내가 주의 낯을 뵈옵지 못하리니 내가 땅에서 피하며 유리하는 자가 될지라. 무릇 나를 만나는 자마다 나를 죽이겠나이다. 여호와께서 그에게 이르시되 그렇지 아니하다. 가인을 죽이는 자는 벌을 칠 배나 받으리라 하시고 가인에게 표를 주사 그를 만나는 모든 사람에게서 죽임을 면하게 하시니라(창 4:13-15).

소그룹 나눔을 위한 질문

1. 첫 실패자 가인의 욕망은 모방욕망이었다. 십계명의 마지막 계명도 모방욕망에 관한 것이다. 나를 어둠으로 몰아가는 나의 모방욕망은 무엇인가?

2. 로마의 건국신화와 첫 인간의 이야기는 같은 듯 다르다. 어떤 점이 같고 어떤 점이 다른가? 그런 의미에서 성경이 일반 문학과 분명 다른 점은 무엇인가?

4장

야곱과 에서

성경에는 《로마건국신화》와 같은 쌍둥이 이야기가 많이 등장
하지는 않는다. 구약에서는 시아버지 유다와 며느리 다말 사
이에서 태어난 '베레스와 세라'가 쌍둥이였다는 기록이 창세
기 38장에 있고, 신약에서는 예수님의 제자 도마의 이름이 쌍
둥이를 의미하는 아람어 '테오마'에서 왔다고 언급한 정도일
뿐,[1] 쌍둥이의 이야기가 흔하지 않다. 그런데 강하고 크게 다
가오는 구약의 쌍둥이 이야기가 있다. 바로 야곱과 에서에 대
한 이야기이다. 쌍둥이 동생 야곱은 출생부터 모방폭력의 한
중심에 놓여 있었다.

그 해산 기한이 찬즉 태에 쌍둥이가 있었는데, 먼저 나온 자는

붉고 전신이 털옷 같아서 이름을 에서라 하였고, 후에 나온 아우는 손으로 에서의 발꿈치를 잡았으므로 그 이름을 야곱이라 하였으며(창 25:24-26).

야곱의 모방욕망

성경은 야곱과 에서가 복중에서 서로 먼저 나오려는 모방욕망의 관계였음을 기술하고 있다. 엄밀히 말하면, 야곱이 형보다 먼저 어머니 뱃속을 박차고 나오려 했다고 서술한다. 야곱은 형 에서를 향해 모방욕망이 있었다는 것이다. 야곱의 이런 모방욕망적 성향은 형이 가지고 있는 장자의 명분을 목적으로 삼을 때 더욱 뚜렷하게 발산된다. 야곱은 형 에서의 장자권을 갖고 싶었다. 결국 그는 형의 약함을 틈타 형의 장자권을 산다.

야곱이 이르되 오늘 내게 맹세하라. 에서가 맹세하고 장자의 명분을 야곱에게 판지라(창 25:33).

야곱의 모방욕망을 더욱 부풀려 준 사람은 다름 아닌 어머니 리브가였다. 리브가는 남편 이삭이 맏아들 에서를 불러 축복해 주겠다는 말을 듣는다. 그러자 맏아들 에서가 사냥하러 나간 사이, 둘째 아들 야곱에게 축복받을 준비를 시킨다. 이 지점에서 왜 리브가는 맏아들과 둘째 아들 사이를 이렇게 갈라놓는지, 왜 리브가는 야곱을 편애했는지는 다루지 않겠다. 중요한 점은, 이런 어머니의 역할 때문에 야곱의 모방욕망이 모방폭력으로 자라나게 된다는 것이다. 이 장면은 인간이 어떻게 리브가 같은 자극제를 만나면 확증 편향적 존재가 되는지를 보여 준다. 모방욕망을 내포한 사람들이 "난 그러고 싶지 않았는데, 저 사람이 나를 이렇게 만들었다" "우리 아들은 착한데 저 친구를 잘못 만나서 망가졌다"는 말을 자주 하는 이유가 그것이다.

야곱뿐만 아니라 우리는 모두 태어날 때부터 모방폭력에 쉽게 노출된다. 그런 우리가 리브가와 같은 기폭제를 만나면 질투심, 시기심이 한없이 증폭된다. 어린 야곱이라 할지라도 엄마 리브가에게 이렇게 말할 수 있었다. "엄마, 이건 아니지. 아빠한테 이러면 안 되지요." 그러나 야곱도 어느 순간부터 엄마의 모방욕망에 휘말려 모방짝패(패거리)가 된다. 그래서 아버지에 대한 두려움만 표현할 뿐 엄마의 제안을 확실하게 거절하지 못한다.

… 저주를 받을까 하나이다. 어머니가 그에게 이르되 내 아들아 너의 저주는 내게로 돌리리니 내 말만 따르고 가서 가져오라. 그가 가서 끌어다가 어머니에게로 가져왔더니(창 27:12-14).

모방폭력이 무서운 것은 이 사이클 안에 들어가면 나의

모방욕망이 무섭게 증폭된다는 것이다. 뿐만 아니라, 이 모방
욕망은 모방짝패와 회오리를 일으켜 상황 판단력과 분별력을
상실하게 만든다. 즉 자기가 하는 짓이 얼마나 무서운지 모르
게 된다는 것이다. 결국 야곱은, 형 에서와의 삼각형 모방욕망
구도 속에서 목표로 삼았던 아버지의 축복을 가로채고 아버
지 앞에서 물러난다.

> 이삭이 야곱에게 축복하기를 마치매 야곱이 그의 아버지 이삭
> 앞에서 나가자(야차) 곧 그의 형 에서가 사냥하여 돌아온지라
> (창 27:30).

성경은 이 부분에서 동사 '나가다'(야차)를 쓴다. 이 동사
는 에서의 뒤를 이어 뱃속에서 '나온'(야차) 야곱을 표현할 때
쓰는 단어와 같다. 즉 성경은 태어날 때는 엄마 뱃속에서 형보
다 늦게 '나왔지만', 장성해서는 형보다 먼저 축복을 받고 아
버지로부터 '나오는' 야곱을 묘사하고 있다. 모방욕망으로 성
장기를 보내는 야곱을 표현하고 있는 듯하다.

에서의 모방폭력

사건의 전말을 알아챈 형 에서는 야곱에 대해 모방폭력
으로 가득 찼다. 이제 형 에서는 동생 야곱을 죽이려 한다. 모
방폭력의 회오리는 이렇게 무섭게 일어난다.

그의 아버지가 야곱에게 축복한 그 축복으로 말미암아 에서가 야곱을 미워하여 심중에 이르기를 아버지를 곡할 때가 가까웠은즉 내가 내 아우 야곱을 죽이리라 하였더니(창 27:41).

그렇게 사랑했던 아들 야곱의 모방욕망에 가담했던 엄마 리브가는, 맏아들 에서의 살기(모방폭력) 때문에 작은 아들 야곱을 떠나보내야 했다. 리브가 역시 아들 야곱을 통해 채우려 했던 모방욕망의 눈물 어린 결과를 그대로 받아들여야 했다. 자신의 모방욕망으로 인해 그 사랑하는 아들을 자신의 품에서 떠나보내야만 했다.

형 에서의 살기 어린 폭력을 피해 하란으로 이주한 야곱은, 자기보다 더욱 모방욕망이 강한 외삼촌 라반을 만난다. 죄 아래 조정당하는 모방욕망이 무서운 이유는, 한 개인이 자신의 갈망을 못 보고 남의 것을 모방하며 욕망하도록 하는 점도 있지만, 공동체와 그 문화를 죽음의 문화로 몰아간다는 점이다.[2] 라반은 자신의 모방욕망과 모방회오리로 야곱의 인생을 묶었을 뿐만 아니라, 자신의 두 딸 역시 모방욕망의 사람이 되도록 영향을 주었다. 한 사람의 모방욕망이 어떻게 한 공동체와 전체 문화에 악영향을 주는지 보여 주는 예이다.

레아와 라헬의 모방욕망

우리가 잘 아는 이야기, 즉 라반이 어떻게 야곱을 속이고

14년간 종살이하게 했는지는 차치하고, 레아와 라헬의 이야기로 들어가 보자. 라반이 야곱을 속이고 맏딸 레아를 먼저 줌으로써 결과적으로 야곱은 네 명의 아내를 갖게 된다. 그 네 명의 아내에게서 출생한 아이들과 그 아내들의 모방경쟁이 어떠했겠는가? 그리고 레아는 야곱이 자기보다 동생을 더 사랑한다는 것을 직감적으로 알았다.

야곱이 또한 라헬에게로 들어갔고 그가 레아보다 라헬을 더 사랑하여 다시 칠 년 동안 라반을 섬겼더라(창 29:30).

레아는 동생 라헬과 모방경쟁 구도로 들어간다. 레아는 라헬이 아이를 못 낳는 기간 동안 남편의 아이들을 낳으면서 그 모방욕망을 아이들의 이름으로 표현한다. 레아는 맏아들을 낳고 "여호와께서 나의 괴로움을 돌보셨으니 이제는 내 남편이 나를 사랑하리로다"(창 29:32)는 뜻의 '르우벤'이라고 지었고, 둘째 아들은 "여호와께서 내가 사랑받지 못함을 들으셨으므로 내게 이 아들도 주셨도다"(창 29:33)는 뜻인 '시므온'이라고 지었다. 셋째 아들의 이름은 "내가 그에게 세 아들을 낳았으니 내 남편이 지금부터 나와 연합하리로다"(창 29:34)는 뜻인 '레위'라고 지었으며, 넷째 아들까지 낳은 후에는 야곱의 사랑을 얻었다고 생각했는지 넷째의 이름을 "내가 이제는 여호와를 찬송하리로다"(창 29:35)는 뜻인 '유다'라고 지었다.

언니 레아의 임신을 바라보고만 있던 라헬의 마음은 어떠했을까? 비록 남편의 사랑은 자기가 독차지했다고 생각했겠지만, 계속 불러오는 언니의 배와 조카들의 출생은 라헬의 모방욕망과 모방경쟁에 불을 지르기에 충분했다. 라헬의 마음은 언니를 향한 질투와 시기로 가득했다. 모방욕망이 모방폭력으로 진화하는 단계이다. 급기야 라헬은 그 불타는 시기심 때문에 죽고 싶을 만큼 힘들어졌다.

> 라헬이 자기가 야곱에게서 아들을 낳지 못함을 보고 그의 언니를 시기하여 야곱에게 이르되 내게 자식을 낳게 하라. 그렇지 아니하면 내가 죽겠노라(창 30:1).

라헬은 아들 못 낳는 원인이 남편에게 있다고 몰아간다. 모방욕망과 폭력에 사로잡힌 사람은 모든 문제의 원인이 남에게 있다고 몰아친다. 그러면서 희생양 메커니즘을 발동시킨다. 라헬은 언니에게 지기 싫었다.

자신의 종 빌하를 야곱에게 내어 준 것도 '자기 아이'가 없으면 '자기 쪽her side 아이'라도 가져야만 했기 때문이다. 그리고 두 아이를 얻게 된다. 두 번째 아이의 이름 뜻을 보면 라헬이 얼마나 언니 레아를 상대로 모방경쟁과 모방회오리 한복판에 서 있었는지 알 수 있다.

라헬이 이르되 내가 언니와 크게 경쟁하여 이겼다 하고 그의 이름을 납달리라 하였더라(창 30:8).

이런 모방경쟁 구도는 문화가 되어 그 가정을 지배한다. 하루는 레아의 아들 르우벤이 밀 거둘 때, 들에서 합환채를 가져온다. 성경은 왜 르우벤이 합환채를 가져와 엄마에게 주었는지 말하지 않는다. 그러나 합환채mandrake plants[3]가 불임여성에게 도움이 되는 식물인 것을 알고 있는 르우벤은 엄마 레아를 걱정하며 이 꽃을 따왔을 수도 있다.

르우벤은 당시 몇 살이나 되었을까? 야곱은 두 아내를 위해 14년을 의무 봉사했고 외삼촌을 위해 6년을 봉사했으니까 총 20년을 하란에 머물렀다(창 31:41). 야곱이 요셉을 낳고 나서 자기의 의무 기간인 14년이 지났으니 고향으로 돌아가겠다고 외삼촌에게 말한 것(창 30:25)으로 미루어 보아, 30장 14절의 르우벤 나이는 대략 10-14세 정도였다. 한참 예민한 사춘기에 진입한 맏아들 눈에 엄마 레아는 어떻게 보였을까? 늘 남편의 사랑을 갈구하는 엄마, 이모와 경쟁하듯 아빠의 잠자리를 사모하는 엄마, 누구보다 시기심 가득했던 이모(라헬)의 눈빛⋯ 이런 상황은 어린 르우벤이 그 집안의 모방욕망을 배우기에 충분했다. 들에서 합환채를 발견하자마자 엄마를 떠올리고, 이것이면 아빠의 마음을 얻을 수 있을 것으로 생각하는 르우벤을 상상해 본다.[4]

성경은 팥죽으로 시작한 야곱과 에서의 모방폭력, 야곱의 아내 레아와 라헬이 합환채를 거래하는 모방폭력, 이 두 가지를 비교 대조하며 보여 준다. 르우벤이 합환채를 찾아왔다는 소식을 들은 라헬은 그 합환채를 갖고 싶었다. 임신에 목마른 라헬에게 합환채는 절대적이었다.

언니의 아들의 합환채를 청구하노라(창 30:14).

라헬은 합환채로 언니와 거래한다. 마치 야곱이 장자권으로 에서와 거래했듯 말이다.

레아가 그에게 이르되 네가 내 남편을 빼앗은 것이 작은 일이냐. 그런데 네가 내 아들의 합환채도 빼앗고자 하느냐. 라헬이 이르되 그러면 언니의 아들의 합환채 대신에 오늘 밤에 내 남편이 언니와 동침하리라 하니라(창 30:15).

라헬은 마치 남편이 자기 것인데 잠시 빌려주는 양 언니에게 거래를 제안한다. 물론 야곱이 어떻게 처신했는지가 더 중요하겠지만, 라헬은 야곱을 대상으로 하는 모방경쟁에서 언니보다 우위에 있는 것처럼 보인다. 이렇듯 모방경쟁은 긴장과 질투와 원한과 폭력의 문화를 만들어 낸다. 이것을 지켜보는 맏아들 르우벤은 원하든 원치 않든 이러한 모방폭력에 계속 노출된다. 그리고 이모 라헬에게서 아들 요셉이 태어나자, 르우벤은 배우고 습득한 모방폭력과 희생양 메커니즘에 사로잡힌다. 그리하여 배다른 동생 요셉에게 모방폭력을 그대로 투사한다.

소그룹 나눔을 위한 질문

1. 야곱과 에서 그리고 레아와 라헬의 구도처럼, 내 삶에서 모방경쟁에 노출되었던 적이 있는가? 어떤 어려움이 있었고, 어떻게 극복했는가?

2. 나도 모르는 사이에 그런 모방폭력과 희생양 메커니즘에 들어가 버린 경험이 있는가? 이런 모방폭력이 개인의 성향 문제가 아니라 사회 구조적 모순 문제라고 느껴 본 적은 없는가? 이런 문제를 인식하고 구조적 모순과 씨름했을 때 어떤 영적 경험을 했는가?

5장

요셉과 형제들

야곱이 그렇게 기다리던 아들이 태어났다. 그에게는 이미 열 명의 아들이 있었음에도 이 아이의 출생을 자나 깨나 기다렸다. 라헬의 아이이기 때문이다. 야곱만큼 애타게 기다려 온 사람이 또 있다. 라헬이다. 그런데 라헬은 그렇게 기다렸던 아이를 출산하면서 "감사합니다, 주님" 혹은 "내 죽어 있던 태를 열어 주신 분은 하나님입니다. 하나님이 하셨습니다"라는 신앙고백을 하는 것이 아니라, "더 주세요!"라고 외친다.

그 이름을 요셉이라 하니 여호와는 다시 다른 아들을 내게 더 하시기를 원하노라 하였더라(창 30:24).

라헬은 모방경쟁 속에서 요셉을 출산한다. 그리고 첫 아이를 출산하면서 '더 달라고' 외쳤던 라헬은 또 다른 아들 베냐민을 낳다가 죽고 만다. 성경은 모방욕망에 빠진 우리 인생의 최후를 예견하듯 보여 준다.

모방욕망의 토양에서 출생한 요셉

야곱과 라헬은 요셉을 금지옥엽 키운다. 야곱은 요셉을 낳은 이후 라반에게 잡혀 6년이나 더 노역의 수고를 했음에도, 라반 집에서 도망치듯 나오는 수모를 겪었음에도, 얍복강에서 천사와 씨름하다 환도뼈가 부서지는 부상을 당했음에도, 군사를 끌고 죽이러 오는 형 에서로 인해 두려움에 빠졌음에도, 설상가상 딸 디나가 강간당하고 시므온과 레위가 한 부족을 말살하는 살인을 범했음에도, 이 모든 일에도 불구하고 전혀 변하지 않은 듯 보인다. 외부의 위협과 긴장이 클수록 자기가 사랑하는 것에 대한 집착이 강해져서인지 몰라도, 자기가 사랑하는 아내 라헬과 그녀가 낳은 아들 요셉에 대한 집착이 더욱 커졌던 것 같다.

여러 역경 속에서도 야곱의 모방욕망은 하나도 꺾이지 않았다. 살기 위해, 노후를 대비하기 위해, 오히려 아들들 간의 경쟁을 부추기며 가장 손쉬운 방법으로 자녀들을 길들인다. 그 한 예가 요셉에게 채색옷을 지어 입힌 것이다.

요셉은 노년에 얻은 아들이므로 이스라엘이 여러 아들들보다 그를 더 사랑하므로 그를 위하여 채색옷을 지었더니(창 37:3).

이러한 모방욕망에 근거한 가족 문화는 사탄이 활개 치기에 가장 좋은 토양이 된다.

그의 형들이 아버지가 형들보다 그를 더 사랑함을 보고 그를 미워하여 그에게 편안하게 말할 수 없었더라(창 37:4).

가족이 이런 모방경쟁 문화에 기초해서 구성될 경우, 눈빛을 보며 편하게 말할 수 없는 분위기가 된다. 서로의 눈을 피하게 된다. 이글거리는 질투의 눈을 보면 이내 돌을 들어 던질 수밖에 없기에, 서로 간의 대화는 끊기고 오해와 억측과 비난만 난무하는 모방폭력의 가정으로 변질된다.

혹자는 이 모든 상황의 원흉이 요셉이라고 꼬집는다. 그가 형들의 잘못을 보고 덮어 주었더라면(창 37:2, "그가 그들의 잘못을 아버지에게 말하더라"), 또 자기가 큰 꿈을 꾸었더라도(창 37:5) 지혜롭게 말했다면, 이런 위기를 자초하지 않았을 것이라고 주장한다. 요셉은 교만에 빠져서 자기 자랑을 일삼았고 아빠를 뒤에 엎고 버르장머리 없게 행동했기에 그런 대우를 받았다는 것이다. 그런데 이런 해석은 지라르가 경계하는 '신화적 해석'이다.[1] 즉, 강자의 논리와 조직 문화에서 약자인 요셉은 쥐 죽은 듯 가만히 있어야 하는데 그렇지 않고 나대다가, '모난 돌이 정 맞는다'는 말처럼 맞았다는 것이다.

물론 요셉은 아버지가 뒤에 있으니 약자가 아닐 수 있다. 그러나, 이미 대부분의 시간을 아빠보다는 배다른 형 열 명과 함께 보내야 했던 요셉은 약자임에 틀림없다. 그리고 요셉은 형들의 잘못을 볼 때마다 잠자코 있으라는 유형, 무형의 압박을 형들에게 받았을 것이다. 신화적 접근은, 요셉도 가해자들의 무리에 끼어 모방경쟁과 짝패의 구조 안으로 들어가 그들에게 동조하고 함께 행동한다는 것이다. 그러나 요셉은 모방경쟁자들의 편에 서지 않았다. "너, 조용히 해! 그렇지 않으면 가만 안 둘 거야!"라는 모방짝패들의 선동에 요셉은 휘말리지 않았다. 이것은 조직 내에 머물면서 조직의 모순을 고발하는 내부 고발자의 위기이다. 그들은 정신없이 돌아가는 모방 회오리에 휩쓸리지 않고, 모방욕망과 모방폭력을 거부하면서 제3의 길을 걷고자 하는 자들이다. 요셉은 죄가 없고 형들이 죄 지은 것이다.

형들 속에 자리한 사탄의 모습

그러나 요셉이 치른 대가는 혹독했다. 요셉은 모방짝패에 휘둘리는 형들의 눈에는 가시 같은 존재였다. 아마도 그것은 그들의 어머니들인 레아와 라헬이 서로 시기하고 질투하는 모습을 보면서 자연스럽게 체득한 DNA 같은 것일 수 있다. 사탄은 절대 관념적이지 않다. 죄는 절대 추상적이지 않다. 사탄은 모방폭력과 경쟁으로 사람들을 다루어 왔다. 이 죄로 인해 사람들은 서로를 파괴하고 죽여 나간다. 요셉이 없었으면 형들의 죄를 아버지께 고발할 사람은 없었다. 형들은 어떤 방해도 없이 불의와 거짓의 왕국을 건설하며 살 수 있었다. 그런데 요셉의 등장으로 형들의 어둠이 드러난다. 자기들의 세계가 카오스(무질서) 상태가 되자, 질서를 되찾기 위한 방법을 강구한다. 그 유일한 방법은 무질서하게 만드는 원흉을 희생양으로 잡아 제거하는 것이다. 그런 의미에서 요셉은 사라져야 했다. 형들은 모의한다.

> 요셉이 그들에게 가까이 오기 전에 그들이 요셉을 멀리서 보고 죽이기를 꾀하여 서로 이르되 꿈꾸는 자가 오는도다. 자, 그를 죽여 한 구덩이에 던지고 우리가 말하기를 악한 짐승이 그를 잡아먹었다 하자. 그의 꿈이 어떻게 되는지를 우리가 볼 것이니라 하는지라(창 37:18-20).

그러나 르우벤은 모방폭력에 빠진 동생들을 만류한다. 아마도 장남으로서, 자매지간인 엄마와 이모가 이런 모방폭력으로 얼마나 갈등을 겪었는지 어린 시절부터 경험했기 때문이리라.

르우벤이 듣고 요셉을 그들의 손에서 구원하려 하여 이르되 우리가 그의 생명은 해치지 말자. 르우벤이 또 그들에게 이르되 피를 흘리지 말라. 그를 광야 그 구덩이에 던지고 손을 그에게 대지 말자 하니 이는 그가 요셉을 그들의 손에서 구출하여 그의 아버지에게로 돌려보내려 함이었더라(창 37:21-22).

모방회오리가 일면, 아무리 맏형이라 할지라도 그 흐름을 막아 내기가 어려워 보인다. 르우벤의 의도는 분명 요셉을 아버지께 돌려보내는 것이었지만, 동생들 앞에서 "그러지마!"라고 말하지 못한다. 이렇듯 모방경쟁과 한 패거리화 된 모방짝패는 걷잡을 수 없을 정도로 사람들을 몰아간다.

결국 요셉은 팔려 가고, 형제들은 모방욕망의 패턴대로 모든 전모를 거짓으로 꾸민다. 그렇게 사랑했던 아들이 죽은 증거로 피 묻은 채색옷이 야곱 앞에 던져진다. 야곱은 그 옷을 보며 어떤 생각에 잠겼을까? 그렇게 사랑했던 아들에게만 지어 주었던 채색옷! 그 채색옷이 이제는 죽음의 상징이 되어 돌아왔다. 성경은 이 채색옷에 중의적 표현을 담아서 독자들에게 고발하고 있다. 형들의 모방욕망을 자극했던 채색옷이 어떤 결과를 초래하는지, 그리고 이런 모방욕망에 사로잡힌 개인과 공동체가 결국 어떤 최후를 맞게 되는지 말이다.

그의 채색옷을 보내어 그의 아버지에게로 가지고 가서 이르기를 우리가 이것을 발견하였으니 아버지 아들의 옷인가 보소서 하매, 아버지가 그것을 알아보고 이르되 내 아들의 옷이라. 악한 짐승이 그를 잡아먹었도다. 요셉이 분명히 찢겼도다 하고 (창 37:32-33).

형들에 의해 갈기갈기 찢어지는 채색옷을 바라보며 요셉의 마음은 어떠했을까? 살기 어린 형들의 눈동자를 마주하며 요셉의 마음은 어떠했을까? 미디안 상인들에게 팔려 끌려가는 요셉의 마음은 어떠했을까? 보디발의 집에서 노예로 살아가는 요셉의 마음은 어떠했을까? 보디발 아내의 거짓 고소로 억울하게 감옥에 갇힌 요셉의 마음은 어떠했을까? 떡 관원장이 복직한 후에 그의 꿈을 해석해 주었던 자신을 불러 주기만을 바라며 일일여삼추一日如三秋, 하루를 일 년과 같이 보내야 했던 요셉의 마음은 어떠했을까?

17세에 등장하여(창 37:2)[2] 이 모진 시간을 겪은 후, 30세 직전에 바로를 만나기까지(창 41:46),[3] 요셉은 형들의 모방폭력으로 인한 억울함과 설움으로 청소년기와 청년기를 보내야만 했다. 그러나 창세기는 요셉에 대해 특별하게 기술한다. 그것은 그가 이방인임에도 당대 최고의 선진국 애굽에서 총리가 되었기 때문은 아니다. 성경은 자기계발서나 출세를 위한 지침서가 아니다. 성경은 보여 주고 싶은 것이 있다. 모방욕망을 다스리지 못한 인간이 어떻게 죄의 종노릇 하게 되는지, 그리고 사탄이 모방폭력과 희생양 메커니즘으로 죽음의 문화를 어떻게 만들어 왔는지, 어느 인간도 이 죽음의 사슬을 쉽게 끊지 못할 만큼 모방폭력 기제(시스템)가 얼마나 강하게 작동하고 있는지 등을 보여 준다. 무엇보다도 성경은, 이런 모방회오리에 모두 다 무릎 꿇고 사는 게 아니라는 것을 보여 주고자 한다. 그가 바로 요셉이다.

복수의 기회를 잡은 요셉

비록 요셉은 형들에게 모방폭력의 린치를 당하고, 미디안 무역 상인들과 보디발의 아내 같은 힘 있는 자들에 의해 질질 끌려 다녔지만, 다른 행보를 보이고 있다. 보통 모방경쟁의 아픈 과거를 가진 자는, 힘을 갖게 되면 복수하듯 약한 자들에게 분노를 쏟아 내는데 요셉은 다른 길을 걷고 있다. 애굽의 총리가 된 요셉은 이 모든 과정이 하나님의 섭리였다고 고백한다. 그리고 하나님의 지혜로 선정善政을 베푸는 관료가 된다. 요셉의 선정이 소문나자, 흉년을 당한 나라의 백성이 양식을 얻기 위해 요셉이 있는 애굽으로 찾아온다.

당시 요셉은 애굽의 이름으로 불린 지 오래였다. 애굽 식으로 옷 입고 애굽 말을 하는 사브낫바네아(요셉) 총리는, 멀리서 곡식을 구하러 온 사람들을 만나고 있다.

때에 요셉이 나라의 총리로서 그 땅 모든 백성에게 곡식을 팔더니(창 42:6).

그때 요셉은 전혀 예상치 않았던 상황에 맞닥뜨린다. 곡식을 구하러 애굽까지 온 형들을 만난 것이다. 그들은 얼굴을 파묻고 있어 요셉을 알아보지 못했으나 요셉은 형들을 단번에 알아본다.

… 요셉의 형들이 와서 그 앞에서 땅에 엎드려 절하매 요셉이 보고 형들인 줄을 아나 모르는 체하고 엄한 소리로 그들에게 말하여 이르되 … 요셉은 그의 형들을 알아보았으나 그들은 요셉을 알아보지 못하더라(창 42:6-8).

요셉이 바로 앞에 처음 섰던 때가 30세 직전이었고, 7년 풍년이 지나고 7년 흉년이 시작될 즈음에 형들을 만났으니 요셉은 그때 37세 전후였을 것이다. 즉 요셉은 17세 전후에 형들과 헤어진 후, 20년이 지난 37세 전후에 형들을 다시 만난 것이다. 요셉의 마음이 어떠했을까? 반가움과 분노, 억울함과 궁금함이 마음에 가득 차면서, 형들을 향해 많은 질문이 떠올랐을 것이다. '왜 나를 그렇게 미워했습니까? 왜 나를 그런 식으로 버렸습니까? 힘없는 나를 그렇게 내쳤어야만 했습니까?' 그들 앞에서 묻고 또 묻고 싶었을 것이다. 그런데 요셉은 마음을 다잡고 모른 척 그들을 추궁한다. "너희들 스파이가 아니냐? 믿을 수 없다!" 추궁하는 절대 권력자 앞에서 그들은 자신들이 어디 출신이고 형제 관계는 어떠한지 등, 묻지도 않은 것들을 줄줄 답하고 있다. 긴장감의 표현이다.

그러나 요셉은 그들을 풀어 주지 않는다. 스파이 죄목으로 3일을 가둔다.[4] 뿐만 아니라 야곱이 그렇게 사랑하는 아들 베냐민을 데리고 오라면서, 인질로 한 명을 옥에 두고 가는 조건을 내건다. 요셉은 일부러 이런 갈등 상황을 만든다. 이제 그들은 서로 숨겨 왔던 소리, 말하고 싶지 않았던 내면의 소리를 외면화한다.

··· 우리가 아우의 일로 말미암아 범죄하였도다. 그가 우리에게 애걸할 때에 그 마음의 괴로움을 보고도 듣지 아니하였으므로 이 괴로움이 우리에게 임하도다(창 42:21).

그러나 여전히 이 모방폭력의 원인이 자기에게 있지 않고 남에게 있다는 희생양 기제에 빠져 있다.

르우벤이 그들에게 대답하여 이르되 내가 너희에게 그 아이에 대하여 죄를 짓지 말라고 하지 아니하였더냐. 그래도 너희가 듣지 아니하였느니라. 그러므로 그의 핏값을 치르게 되었도다 (창 42:22).

120

맏형 르우벤은 그때를 회상하며 동생들에게 책임을 전가 시킨다. 여전히 그들은 달라진 것이 없어 보인다. 요셉이 원하는 것은 단 하나다. 자신이 당한 것만큼 갚아 주는 것도 아니고, 자신이 얼마나 억울했는지 알아 달라는 것도 아니다.

그는, 형제간의 우애를 갈가리 찢어 놓는 모방폭력, 부모조차 속고 속이는 관계로 만들어 놓는 모방폭력으로부터 이제는 그들이 자유한지 그것을 알고 싶었다. 그러나 아직은 아닌 듯하다.

한 명을 인질로 맡기고 막내 동생을 데리고 오면, 스파이 누명도 풀어 주고 곡식도 줄 것이라는 명령에 형들은 누구를 인질로 놔두고 가야 할지 망설인다. 만약 형들이 아직도 모방폭력에 잡혀 있다면, 형제들 중 레아 측 아들이 아닌 라헬 측 아들, 즉 빌하의 소생인 단이나 납달리를 두고 갈 것이다. 10명 중 8명은 레아 혹은 레아의 여종 실바의 아들들이기 때문이다. 모방폭력의 구도 하에서 그 8명은 숫자로나 나이로나 기득권자들이다. 여전히 모방폭력에 잡혀 있는 형들은 라헬측 자녀인 단 또는 납달리를 인질로 선택할 수 있었다. 이들이 갈등하고 있는 사이에 들어온 요셉은 시므온을 결박한다. 그리고 빨리 가서 막내를 데려오라고 명령한다.

그들 중에서 시므온을 끌어내어 그들의 눈앞에서 결박하고(창 42:24).

요셉의 마지막 시험

시므온을 잡은 이유는 요셉이 아직 형들을 믿지 못했기 때문이다. 요셉은, 만약 그들이 라헬 측 아들, 단이나 납달리를 인질로 남긴다면 그들이 가나안에 갔다가 안 돌아올 수 있다고 생각했는지 모른다.

부랴부랴 가나안으로 돌아온 형제들은 아버지에게 애굽에서 있었던 일을 보고한다. 그러면서 시므온을 다시 찾아오기 위해서는 베냐민을 데려가야 한다고 아버지를 설득한다. 그러나 아버지 야곱은 그동안 말하지 않았던 설움을 쏟아 내며 거절한다.

그들의 아버지 야곱이 그들에게 이르되 너희가 나에게 내 자식들을 잃게 하도다. 요셉도 없어졌고 시므온도 없어졌거늘 베냐민을 또 빼앗아 가고자 하니 이는 다 나를 해롭게 함이로다(창 42:36).

야곱의 설움이 폭발했다. 요셉도 잃고 시므온도 잃고 이제는 베냐민까지 잃을 것에 대한 두려움이 엄습한 것이다. 형에서의 장자권을 향한 모방욕망이 이렇게 돌고 돌아 모방폭력과 회오리를 일으켰고, 결국 희생양 기제의 한복판에 던져진 야곱은 자식들과 세상이 한없이 원망스러웠을 것이다. 요셉을 가슴에 묻은 지 20년이 지났는데도 잊히지 않는데, 두

명의 자식을 더 잃을 수도 있다는 두려움과 슬픔에 빠진 아비의 절규가 책을 뚫고 독자들의 가슴에까지 전해진다. 모방폭력으로 처절하게 린치당하는 야곱의 소리다.

그러자 맏아들 르우벤이 중재에 나선다. 베냐민만 보내주시면 시므온까지 꼭 찾아오겠다면서 자기의 두 아들을 인질로 맡긴다. 르우벤으로서는 아버지를 설득할 수 있는 마지막 선택이었다. 만약 못 돌아오면 그 아들들을 죽이라고 한다.

> 르우벤이 그의 아버지에게 말하여 이르되 내가 그를 아버지께로 데리고 오지 아니하거든 내 두 아들을 죽이소서. 그를 내 손에 맡기소서. 내가 그를 아버지께로 데리고 돌아오리이다(창 42:37).

손자를 죽일 할아버지가 어디 있겠는가! 그만큼 르우벤은 자기들의 진심을 전하고 싶었던 것이다. 아니면, 르우벤의 이 말에는 아버지에게 그동안 쏟아 내고 싶었던 마음이 담겨 있는 것인지도 모른다. "아버지! 요셉과 베냐민 말고 우리를 자식이라고 생각한 적이 있으신가요! 언제 제 자식들을 손자라고 인정해 주시고 따뜻하게 안아 주신 적이 있으신가요! 그래요. 만약 제가 못 돌아온다면 제 아들들을 죽이세요. 그들은 한 번도 아버지의 손자인 적이 없었으니 아버지는 그들을 죽이실 수 있잖아요!"

123

아버지를 설득한 형들은 베냐민을 데리고 다시 요셉 앞에 엎드렸다. 베냐민을 확인한 요셉은 복받쳐 올라오는 울음을 급히 해결하고 그들 앞에 선다.

요셉이 아우를 사랑하는 마음이 복받쳐 급히 울 곳을 찾아 안방으로 들어가서 울고 얼굴을 씻고 나와서 그 정을 억제하고 음식을 차리라 하매(창 43:30-31).

요셉은 이제, 형들이 그들 안의 모방폭력을 어떻게 해결하는지 확인해 보고 싶었다. 요셉은 그들을 돌려보낼 때 베냐민의 자루에 몰래 잔을 넣어 두고 발각되게 한다.

그가 나이 많은 자에게서부터 시작하여 나이 적은 자에게까지 조사하매 그 잔이 베냐민의 자루에서 발견된지라(창 44:12).

'어디 보자, 형들의 반응을…'

형들은 옷을 찢으며 결백을 주장한다. 이건 사고라고, 우리 착한 동생 베냐민이 절대 그럴 리가 없다고 부인한다. 하지만 그들은 다시 요셉의 집으로 끌려왔다. 이제 요셉이 보고 싶은 것은, 형들이 베냐민을 어떻게 처우하는가이다. 만약 형들이 20여 년 전 자신에게 했던 것과 똑같이, 힘없는 베냐민에게 모든 잘못을 뒤집어씌우고 자기들만 가나안으로 돌아가려고 한다면 요셉은 가만있지 않을 터였다. 요셉은 그들을 궁지로 몰아간다.

… 너희가 어찌하여 이런 일을 행하였느냐. 나 같은 사람이 점을 잘 치는 줄을 너희는 알지 못하였느냐. … 잔이 그 손에서 발견된 자만 내 종이 되고 너희는 평안히 너희 아버지께로 도로 올라갈 것이니라(창 44:15-17).

형들은 아연실색한다. 분명 잔은 베냐민의 자루에서 나왔고, 그렇다면 베냐민이 애굽에 남겨져야 한다는 말이다. 그럼 아버지는 쓰러지실 것이 명약관화하기 때문이다. 유다는 요셉에게 간곡히 청한다.

우리가 내 주께 아뢰되 우리에게 아버지가 있으니 노인이요 또 그가 노년에 얻은 아들 청년이 있으니 그의 형은 죽고 그의 어머니가 남긴 것은 그뿐이므로 그의 아버지가 그를 사랑하나이다 하였더니(창 44:20).

지금 형들은 아버지를 진심으로 생각하고 있다.

… 그 아이는 그의 아버지를 떠나지 못할지니 떠나면 그의 아버지가 죽겠나이다(창 44:22).

그들의 행동이 예전과 달라진 것이다. 유다는 자신이 남아 요셉의 종이 될 테니 베냐민은 풀어 주라고 간청한다.

> 이제 주의 종으로 그 아이를 대신하여 머물러 있어 내 주의 종이 되게 하시고 그 아이는 그의 형제들과 함께 올려 보내소서 (창 44:33).

모방폭력에서 빠져나온 형들

이제 형들은 완전히 달라졌다. 모방폭력에 묶여 있던 20년 전의 형들이 아니었다. 아버지에 대한 걱정과 자신들의 과오, 그리고 자신들이 죽인 것과 다름없는 요셉에 관한 기억들이 한데 얽히고설켜 그들 스스로를 보게 했다. 그리고 그들은 약자를 희생양 삼고 그 기반 위에 자신들의 기득권을 세워 나갔던 모방회오리를 이제 걷어찬 것이다.

그 모습을 확인한 요셉은 자신이 누구인지 드러낸다.

> 요셉이 시종하는 자들 앞에서 그 정을 억제하지 못하여 소리질러 모든 사람을 자기에게서 물러가라 하고 그 형제들에게 자기를 알리니 그때에 그와 함께 한 다른 사람이 없었더라(창 45:1).

더 이상 모방폭력에 휘둘리지 않는 형들 앞에 그는 자신

126

이 형들의 모방폭력 때문에 죽었던 요셉임을 밝힌다. 형들은 놀랍고 반가우면서도 한편으로는 긴장되었을 것이다. 자신들이 죽었다고 생각했던 동생이, 한평생 죄책감에 시달리게 했던 그 동생이 눈앞에 살아 돌아온 것이다. 그것도 최고 권력자인 애굽 총리가 되어서 말이다. 성경은 이어지는 요셉의 자기 회한의 말만 기록하지, 형들의 말은 기록하지 않는다. 형들은 입을 쩍 벌리고 놀라고 있는 듯하다. 아니면 자신들이 한 행동의 기억에서 헤어 나오지 못하는 듯하다.

> 요셉이 형들에게 이르되 내게로 가까이 오소서. 그들이 가까이 가니 이르되 나는 당신들의 아우 요셉이니 당신들이 애굽에 판 자라. … 그제서야 요셉과 말하니라(창 45:4, 15).

원수는 외나무다리에서 만난다고 하지 않았던가! 요셉은 자신의 권력으로 이들에게 가장 치명적인 복수를 할 수 있었다. 이 세상이 그러하듯, 이 세상을 그려 내는 신화 이야기가 그러하듯, 누구나 다 가는 그 길을 요셉도 아무렇지 않게 갈 수 있었다. 인과응보, 동해보복同害報復은 인지상정이지 않은가.

요셉이 결정한 다른 길

그러나 요셉은 그들에게 모방폭력적으로 대우하지 않는

다. 요셉은 아버지 야곱으로부터 시작되었던 모방욕망과 짝패로 배태된 가정 문화 그리고 희생양 메커니즘의 악순환을 끊어 버린다. 그 가문을 제3의 길로 인도하면서 요셉은 엄청난 고백을 형들에게 한다. 비록 형들이 모방폭력의 저주를 퍼부었지만, 사탄의 작동 위에 더 크게 일하시는 분은 하나님이라는 것이다.

> 하나님이 큰 구원으로 당신들의 생명을 보존하고 당신들의 후손을 세상에 두시려고 나를 당신들보다 먼저 보내셨나니, 그런즉 나를 이리로 보낸 이는 당신들이 아니요 하나님이시라. 하나님이 나를 바로에게 아버지로 삼으시고, 그 온 집의 주로 삼으시며, 애굽 온 땅의 통치자로 삼으셨나이다(창 45:7-8).

모방폭력을 끊어 내는 길은 저주의 사슬에 묶이는 것이 아니다. '내가 당했으니 너도 당해 봐라'는 복수가 아니다. 경쟁과 질투와 원한의 감정 풀이가 아니다. 모방욕망은 영의 눈을 멀게 하고, 시기의 눈, 질투의 눈에만 불을 켜고 세상을 보게 한다. 그러나 하나님의 초대가 있다. 비록 우리는 욕망 덩어리지만, 하나님의 초대에 응하면 세상의 모방폭력 너머에 있는 제3의 길을 걸을 수 있다. 그것은 요셉의 길이다. 사탄의 초대가 아닌 하나님의 초대가 있는 용서와 화해와 자기 죽음의 길이다.

이 길을 걸을 때, 경쟁이 주는 짜릿함보다 더 신나는, 복수가 주는 시원함보다 더 통쾌한, 참 자유를 경험할 수 있다. 이 청량감은 오직 참 자아를 경험한 영의 사람들만이 맛볼 수 있다. 요셉은 하나님의 초대를 매일 경험하면서 참 자유를 누린 사람이었다. 그래서 요셉은 세상 문화를 지배하는 모방폭력의 길이 아닌, 역사 저편까지 흐르고 있는 제3의 길, 참 자유의 길, 자기 죽음과 화해를 통한 평화의 길을 본 것이다. 하나님의 초대를 경험했기에 이제 다른 사람들도 이 세계로 초대한다.

요셉의 형제들이 그들의 아버지가 죽었음을 보고 말하되 요셉이 혹시 우리를 미워하여 우리가 그에게 행한 모든 악을 다 갚지나 아니할까 하고, 요셉에게 말을 전하여 이르되 당신의 아버지가 돌아가시기 전에 명령하여 이르시기를 너희는 이같이 요셉에게 이르라. 네 형들이 네게 악을 행하였을지라도 이제 바라건대 그들의 허물과 죄를 용서하라 하셨나니 당신 아버지의 하나님의 종들인 우리 죄를 이제 용서하소서 하매 요셉이 그들이 그에게 하는 말을 들을 때에 울었더라. 그의 형들이 또 친히 와서 요셉의 앞에 엎드려 이르되 우리는 당신의 종들이니이다. 요셉이 그들에게 이르되 두려워하지 마소서. 내가 하나님을 대신하리이까. 당신들은 나를 해하려 하였으나 하나님은 그것을 선으로 바꾸사 오늘과 같이 많은 백성의 생명을 구원하게 하시려 하셨나니 당신들은 두려워하지 마소서. 내가 당신들과 당신들의 자녀를 기르리이다 하고 그들을 간곡한 말로 위로하였더라(창 50:15-21).

소그룹 나눔을 위한 질문

1. 요셉의 형들은 태어나면서부터 모방폭력의 DNA가 있던 자들인가? 요셉의 형들이 요셉을 그렇게 대했던 이유는 무엇일까?

2. 요셉은 모방폭력이라는 복수의 길을 선택하지 않고 화해의 길을 선택했다. 요셉은 사탄이 제시하는 '모방회오리'와 '희생양 메커니즘'의 길을 걷지 않았다. 과연 무엇이 요셉을 그렇게 만들었을까? 나도 그런 경험이 있는가? 복수의 길을 걸을 수 있었음에도 그 길을 포기하고 '요셉의 길'(예수님의 화해의 길)을 걸었던 경험이 있는가?

6장

롯과 보아스

14세기 이탈리아의 베네딕트 수도원에서 살인 사건이 발생했다. 수도사들이 지하 도서관 옆에서 하나둘씩 죽어 갔다. 사건은 바티칸에 보고되었고 파견된 사제단 검사들이 검시를 시작하였다. 그런데 이상한 점이 하나 발견되었다. 사망한 수도사들에게 공통점이 하나 있었는데 그것은 그들의 혀와 손가락이 새까맣게 타들어 갔다는 것이다.

검시가 끝나고 사건의 전모가 밝혀졌는데, 범인은 다름 아닌 그 수도원의 수도원장이었다. 대체 어떻게 된 일이었을까? 수도원장은 수도사들이 자꾸 금서禁書들이 보관되어 있는 지하 도서관에 드나드는 것이 못마땅했다. 거기 모여 아리스토텔레스의 희극을 읽은 그들은, 경건한 침묵과 근엄한 표정으로 일관되어야 할 수도원에서 웃었기 때문이다. 그것이 늘 불쾌했던 수도원장은 사제들에게 몇 번 경고했지만 사제들은 그의 지도를 따르지 않았다. 결국 화가 난 수도원장은 아리스 토텔레스의 희극 책에 독을 묻혀 놓았다. 수도원장의 눈을 피해 밤마다 지하 서고에 내려온 수도사들은 손에 침을 발라 책장을 넘기며 책을 보았고, 독이 혀를 통해 온몸에 퍼져 죽게 된 것이었다.

두 세계의 충돌

이 이야기는 움베르트 에코의 《장미의 이름》[1]에 나오는 것이다. 당대 과학과 이성에 눈을 뜬 인문주의, 즉 르네상스의 물결이 유럽을 휩쓸고 있었을 때, 수도원은 그 흐름을 거부하고 계속 전통만 고집하며 안주하려 했다. 살인을 통해서라도 기존 질서를 지키려 했던 기득권자들은 수도원장의 모습으로, 새로운 시간을 열기 위해 도전하는 새 세대는 일반 수도사들의 모습으로 그려지고 있다. 세상은 계속 변화하는데, 수도원장은 자신의 세계에 갇혀 새 시대를 열지 못하고 있었다는 의미다. 옛 전통과 새 흐름의 충돌을 그려 낸 것이다. 성경에도 두 세계관의 충돌을 잘 보여 주는 책이 있는데 바로 룻기이다. 더 나아가 룻기는 옛 관습인 사탄의 모방욕망에 안주하려는 인간의 본성과, 새 흐름으로 대표되는 룻과 보아스의 새로운 태도가 충돌하는 것을 그려 낸 작품이다. 룻기는 1장 1절에 이 책이 언제 써졌는지 말하고 있다.

> 사사들이 치리하던 때에… (1:1).

자기 소견에 옳은 대로 행하였던 시대(삿 21:25)가 사사시대이다. 힘 있는 자 중심의 시대, 기득권의 모방폭력과 모방짝패가 횡횡하던 시절이 사사시대이다. 새로운 영의 시대, 다윗의 시대를 열어야 하는데, 새 시대를 열지 않으려 버티던 시대, 사탄의 모방폭력이 지배하던 시대가 사사시대이다.

그런데 이 사사시대를 뚫고 다윗의 시대를 열었던 인물들이 있었으니 바로 룻기의 인물들이다. 룻기는 새로운 시대를 어떻게 열었는지 보여 주고 있는데, 사실 좀 독특한 책이다. 첫째, 책 제목이 룻기여서 룻이 주인공처럼 보이지만 사실 일을 꾸미는 사람은 시어머니 나오미이고, 그 대상으로서 결단하는 사람은 보아스다. 둘째, 룻기에는 나쁜 놈이 한 명도 등장하지 않는다. 룻, 나오미, 보아스는 말할 것도 없고 보아스의 밭에서 일하는 일꾼들도, 보아스보다 기업 무를 권리를 먼저 가지고 있던 나오미의 친족도 모두 나쁘지 않다.

룻기의 의미

룻기의 줄거리는 이렇다. 나오미는 남편과 두 아들과 함께 흉년을 피해 이스라엘을 떠나 옆 나라 모압으로 이민을 간다. 그곳에 간 지 얼마 후, 나오미는 남편과 두 아들을 잃는 비참한 상황을 맞는다. 그리하여 막막한 이민 생활을 정리하고 고국으로 돌아가려 한다. 나오미는 두 며느리에게 친정으로 돌아가 새로운 인생을 살라고 독려한다. 그런데 첫째 며느리 룻(룻 4:10)이 시어머니를 따른다. 그들은 함께 고국으로 돌아왔지만 상황은 별 다를 바 없어 보인다. 며느리가 주워 오는 이삭 한 뭉치를 끼니 삼아 근근이 연명하며 살고 있던 그때, 나오미는 룻에게 보아스라는 멋진 남자를 소개한다. 그리고 조언까지 상세하게 한다. '목욕재개하고 만나라, 제일 좋은 옷을 입고 가거라, 향수 뿌려라, 잘 때 몰래 옆에 누워라, 네가 먼저 들이대지 말아라' 등등. 보아스는 이런 룻에게 마음을 빼앗기고, 두 사람은 오래오래 행복하게 살았다.

이 지점에서 우리는 질문을 던져야 한다. 첫째, 룻기는 단순한 남녀 간의 러브 스토리인가? 그럼 이게 왜 성경에 있을까? 둘째, 그렇다면 고부간의 갈등을 풀어 주는 책인가? 고부간의 갈등이 얼마나 우리 삶을 피곤하게 만드는지 아시는 하나님이 친히 설명서를 주셨단 말인가? 셋째, 후에 다윗이 룻의 자궁에서 나오니까 이 훈훈한 집안 이야기를 통해 다윗이 건강한 집 자손임을 말하려고 한 것일까? 그러니까 우리도 행복한 가정을 만들어야 한다는 그런 뜻인가? 과연, 룻기의 의미는 무엇일까?

고엘 제도

룻기를 이해하려면 이스라엘의 두 가지 관습을 반드시 알아야 한다. 첫째는 '고엘', 즉 '기업 무르다'라는 관습이다. 이 관습을 이해하기 위해서는 이스라엘이 처음 땅을 배분받았던 때에 대한 배경 이해가 있어야 한다. 이스라엘은 여호수아 때에 지파별로, 가문별로 땅을 할당받았는데, 이 땅은 매매의 대상이 아니기 때문에 누구에게도 팔 수 없다. 이스라엘 각 지파가 하나님께로부터 받은 땅이었기에 절대 개인 소유가 될 수 없었던 것이다. 헨리 조지나 톨스토이가 주장했던 '토지공개념, 지공주의地公主義'가 바로 이 말씀에 기반을 둔 것이다. 사실 땅이 사유화됨으로 인해 생기는 경제 불평등, 소득 불균형은 역사 속에서 늘 다루어져 왔던 이슈다.

성경은 철저히 토지는 하나님의 것이라고 말씀하고 있다. 그런데 살다보면 토지를 팔 일이 생긴다. 예를 들면, 당장 아들 병원비가 없어서 조상들에게 물려받은 토지를 저당 잡히고 병원비로 쓴다. 혹은 사업을 시작하면서 토지를 저당 잡힌 후 돈을 받아 쓴다. 그런데 병원비를 못 갚거나 사업이 망해서 그 토지를 다시 되찾아올 방법이 없으면 어떻게 되겠는가? 선택할 수 있는 길은 도망가거나 그 집의 노예가 되는 것뿐이다. 이외에는 방법이 없었다.

그런데 하나님은 다시 원점으로 되돌리는 때를 정해 주셨다. 그것이 바로 50년마다 돌아오는 희년The year of Jubilee이

다. 희년에는 저당 잡히고 노예 되었던 옷, 사람, 토지 등 모든
것이 자유함을 얻을 수 있었다. 그런데 희년까지는 몇 십 년을
기다려야 한다. 작년이 희년이었는데 올해 내가 사업하다 망
해서 땅을 빼앗기면 49년을 노예로 살면서 다시 희년이 돌아
오기를 기다려야 한다. 너무 긴 시간 아닌가? 그래서 만든 제
도가 '고엘(기업을 무르다)'이라는 제도다. 가장 가까운 형제 혹
은 친족이 대신 갚아 주는 제도이다. 그러면 나는 자유함을 얻
을 수 있다. 나오미가 어려움에 처한 것을 알게 되자 그 남편
의 친족이었던 보아스가 기업을 물어 주려 한다. 그러나 보아
스는 자기보다 나오미 가족과 더 가까운 친척이 있는 것을 알
고 그 남자를 성문으로 부른다. 그리고 이렇게 이야기한다.

> 보아스가 그 기업 무를 자에게 이르되 모압 지방에서 돌아온
> 나오미가 우리 형제 엘리멜렉의 소유지를 팔려 하므로 내가 여
> 기 앉은 이들과 내 백성의 장로들 앞에서 그것을 사라고 네게
> 말하여 알게 하려 하였노라. 만일 네가 무르려면 무르려니와
> 만일 네가 무르지 아니하려거든 내게 고하여 알게 하라. 네 다
> 음은 나요 그 외에는 무를 자가 없느니라(룻 4:3-4).

그때 그 기업 무를 자는 기꺼이 "내가 하겠다"라고 대답
한다. 그러나 그는 5절에 나오는 보아스의 설명을 듣자 생각
을 바꾼다.

보아스가 이르되 네가 나오미의 손에서 그 밭을 사는 날에 곧
죽은 자의 아내 모압 여인 룻에게서 사서 그 죽은 자의 기업을
그의 이름으로 세워야 할지라 하니 (룻 4:5).

그는 6절에서 이렇게 대답한다.

…나는 내 기업에 손해가 있을까 하여 나를 위하여 무르지 못
하노니 내가 무를 것을 네가 무르라. 나는 무르지 못하겠노라
하는지라 (룻 4:6).

이게 무슨 말일까? 아니 친족의 기업을 대신 물어 주는
것, 대신 갚아 주는 것까지는 멋지게 "그래, 내가 하겠다"라고
답한 그가, 왜 갑자기 5절 보아스의 말을 들은 후에는 두 손
들며 "나 기업 무르지 않겠다"라고 했을까?

수혼 제도

이 부분에서 이스라엘의 중요한 두 번째 관습에 대한 이
해가 필요한데, 그것은 '수혼(형수+결혼) 제도Levirate Marriage'이
다. 우리말로는 '계대 결혼'이라고도 번역하는 이 '수혼'은, 형
이 먼저 죽으면 형수가 과부로 살아갈 수 없으니 동생이 그 형
수를 취해서 아내로 삼는 것이다. 또 그 형수의 경제적 생활을
보장하게 하는 제도이다. 신명기에서는 이렇게 말한다.

137

형제들이 함께 사는데 그 중 하나가 죽고 아들이 없거든 … 그의 남편의 형제가 그에게로 들어가서 그를 맞이하여 아내로 삼아 그의 남편의 형제 된 의무를 그에게 다 행할 것이요(신 25:5).

수혼이 이루어지면 그 가문에 어떤 장점이 있을까? 어쨌든 가문의 며느리가 경제적 고아로 궁핍하게 살아가지 않도록 도울 수 있다. 그러나 수혼을 해야 하는 남자, 그 당사자에게는 고충이 따른다. 그 형수가 자기와의 사이에서 아들을 낳아도 내 자식이 되지 않는다. 그럼 누구의 아들이 되는가? 죽은 형의 아들이 된다. 자기가 낳았지만 법적으로 형의 자식이기 때문에 자신의 재산을 나눠 주고 그 가문에서 살게 해야 한다. 즉 경제적 손실과 함께 '호부호형 못하는 홍길동'처럼 '호부호자呼父呼子'하지 못하는 비극이 생기는 것이다. 이것을 누가 좋아하겠는가? 그래서 구약에 보면, 이 의무를 제대로 행하는 사람이 없다.

룻기 4장에서 보아스가 만난 이 남자, 룻과 가장 가까운 이 친족은 잠시 기업을 물어 주었다가, 희년이 오면 다시 자기 땅을 환급받을 것이라고 단순하게 생각했을 수 있다. 그런데 보아스가 그에게 이스라엘의 수혼 제도를 환기시켜 주자, 나오미의 죽은 아들의 아내였던 룻을 통해 나오는 아들이 있어도 자기 아들이 되지 않을 뿐더러, 오히려 그 아들에게 자기 재산의 일부를 줘야 한다는 현실을 직시하게 되었다. 그러자 두 손 들며 자기는 이 고엘, '기업 무르는 일'에서 빠지겠다고 한다.

> 나는 내 기업에 손해가 있을까 하여 나를 위하여 무르지 못하노니 내가 무를 것을 네가 무르라. 나는 무르지 못하겠노라(룻 4:6).

십자가에서 실현하신 고엘

이런 고엘의 관습, 즉 내가 진 빚을 대신 갚아 주는 행위의 절정은 예수님의 십자가에서 일어났다. 하나님은 인간이 스스로 팔아 버린 생명을 갚아 주시기 위해 독생자를 대속의 제물로 주심으로써 우리의 생명을 다시 얻게 하셨다. 하나님의 고엘, 즉 '내가 진 빚을 대신 갚아 주는 일'로 인해 지금도 우리는 하나님 앞에 나아갈 수 있는 것이다.

다시 본문을 보자. 보아스의 제안을 일언지하로 거절한 그 남자에게 누가 손가락질하겠는가? 룻기 1장 1절에서 설명하듯, 당시 사사시대는 누구도 하나님의 말씀을 지키지 않고 하나님을 왕으로 삼지 않는 시대, 자기가 자기 인생의 왕이 되어 제 소견에 옳은 대로 행하는 시대, 아무도 손해를 감수하면서까지 하나님의 말씀을 지키려 하지 않는 시대였다. 아무도 그에게 손가락질하며 정죄할 수 없었다. 그는 누구나 다 가는 넓은 길을 가는 사람이었을 뿐이다. 창세기 초부터 시작된 모방욕망의 죄가 모방폭력으로 세상을 휩쓸고 있던 때부터 인간은 이런 모방짝패와 희생양 메커니즘을 끊어 내기가 쉽지 않았다. 모두 다 이런 넓은 길로 간다. 보아스의 제안을 거절한 그 남자는 바로 우리의 모습이다.

보아스의 등장

그러나 여기 이 사람은 완전히 달랐다. 이 사람은 부유한 유대인이었지만, 누구도 거들떠보지 않던 외국인 노동자 룻을 품었다. 모방폭력 시스템에서 가장 약한 희생자인 이방 여자 룻, 이 여인을 품었다. 뿐만 아니라 나이 들어 홀로된 여인 나오미를 끝까지 봉양했다. 그가 누구인가? 보아스다! 보아스가 그렇게 할 수 있었던 것은 단순히 룻에게 반했기 때문일까? 룻과 사랑에 빠져 버렸기 때문일까? 아니다. 사사시대였음에도, 누구도 하나님의 말씀을 지키지 않던 시대였음에도, '손해를 감수하면서 기업을 물어 주고 계대 결혼을 해서 네 형제의 아픔을 나눠 지라'는 레위기 25장, 신명기 25장의 말씀이 그의 가슴에 있었기 때문이다. 그렇게 말씀을 지켰기에 세상이 던지는 모방욕망의 주문에 걸리지 않을 수 있었던 것이다. 하나님의 말씀을 붙들었기에 모방욕망의 저주에 붙들리지 않았던 것이다. 그것을 어떻게 아느냐고, 그가 그냥 얼굴 반반한 이방인 여자에게 빠진 것 아니냐고 반문할 수도 있다. 그러나 룻기 2장의 내러티브는 보아스가 얼마나 하나님 말씀을 지키려 했던 자였는지 설명한다.

모압에서 이스라엘로 올라온 룻이 먹을 것을 얻기 위해 이삭을 주우러 갔는데, 우연찮게 보아스의 밭에 도착한다. 그리고 2장 3-7절에 보면, 룻은 그 밭에서 아침부터 저녁때까지 이삭을 줍는다.

> 룻이 가서 베는 자를 따라 밭에서 이삭을 줍는데 우연히 엘리멜렉의 친족 보아스에게 속한 밭에 이르렀더라(룻 2:3).

이삭을 줍는 일은 보통 추수가 끝난 시점에 할 수 있다. 룻은 그 밭이 보아스의 밭인지 모르고 이삭을 줍게 된 것이었다. 그 모습을 보고, 보아스의 종이 보아스에게 말한다.

> 그의 말이 나로 베는 자를 따라 단 사이에서 이삭을 줍게 하소서 하였고 아침부터 와서는 잠시 집에서 쉰 외에 지금까지 계속하는 중이니이다(룻 2:7).

룻은 이삭을 주우러 나갔다. 그런데 아침부터 저녁까지 이 한 밭에만 머물면서 주울 수밖에 없었다. 왜 그랬을까? 혹시 보아스의 밭인 줄 알고 보아스를 유혹하기 위해서였을까? 신명기 24장의 말씀대로 고아와 과부와 나그네를 위한 곡식을 남겨 둔 밭이 없어서, 이삭을 주울 다른 밭을 찾지 못해서

였을까? 성경에 분명히 나오지 않아서 알 수는 없다. 하지만 분명한 것은 보아스가 "너희가 너희의 땅에서 곡식을 거둘 때에 너는 밭모퉁이까지 다 거두지 말고 네 떨어진 이삭도 줍지 말며"(레 19:9)라는 말씀을 지켰다는 것이다. 즉 그는 룻이 아침부터 저녁까지 이삭을 주울 수 있을 만큼 밭 네 귀퉁이를 베지 않고 남겨 두었다.

모방짝패의 문화를 거부한 보아스

말씀이 없는 사사시대, 아무도 말씀을 지키지 않고 자기 소견에 옳은 대로 살았던 시대, 그래서 새로 열릴 다윗의 시대를 막고 있던 저항의 시대, 바로 이런 시대에 하나님은 보아스를 통해 새로운 시대를 열어 가신다. 성경의 배열은 우선 시대순이다. 창세기 다음에는 아브라함부터 시작된 족장들의 이야기가 나오고, 모세 이야기와 왕들의 이야기로 이어진다. 룻기는 4장밖에 안 되는 짧은 책이지만, 암울하고 혼란스러웠던 사사시대를 뒤로 하고 새로운 다윗 시대를 연 책이다.

> 살몬은 보아스를 낳았고 보아스는 오벳을 낳았고 오벳은 이새를 낳고 이새는 다윗을 낳았더라(룻 4:21-22).

룻기는 단순히 사랑 이야기가 아니다. 물론 고부관계 지침서도 아니다. 룻기는 보아스가 어떻게 말씀을 지켰고, 그로 인해서 한 가문이 살아났고, 어떻게 지긋지긋한 사사시대가 끝나고 다윗의 새 시대가 열렸는지 보여 주는 책이다. 모방욕망은 이런 말씀을 거부하게 한다. 사탄은 계속 말씀을 거부하게 하고 모방폭력의 넓은 길로 가게 한다. 자기희생의 길을 외면하게 하고 많은 사람이 가는 평범한 길로 인도한다. 룻을 거절했던, 나오미 가문의 첫 번째 기업 무를 자처럼 사는 것이 굳이 비난받을 짓은 아닌 것이다.

그러나 보아스는 달랐다. 하나님의 말씀을 품은 그는 모방짝패와 모방회오리가 불어오는 한복판에서 전혀 다른 길로 걸어갔다. 그런 길을 걷는 자, 그리고 이방인이지만 모방폭력의 위험 앞에서도 신앙의 길을 함께 걸었던 룻과 같은 자들의 선택 위에 하나님은 새로운 가문을 만들어 주신다. 그것이 다윗의 가문이요 그리스도의 혈통이었다.

소그룹 나눔을 위한 질문

1. 룻기는 어떤 책인가? 러브 스토리인가? 고부관계 지침서인가? 룻기 속에 흐르는 메시지는 무엇이라고 생각하는가?

2. 모방폭력이 횡횡하던 사사시대, 보아스는 누구나 다 가는 길을 걷지 않고 모방폭력을 끊는 선택을 했다. 무엇이 그를 그렇게 만들었는가? 지금 나의 삶 속에서 누구나 다 가는 넓은 길은 무엇인가? 반대로, 남들이 다 가지 않는 좁은 길은 무엇인가? 나는 어떤 선택의 삶을 살아가고 있는가?

7장

다윗

다윗의 이야기는 어떻게 다윗이 모방욕망에 쉽게 노출될 수밖에 없었는지, 그가 그것을 어떻게 극복했다가 다시 넘어졌는지, 그리고 그로 인한 모방폭력이 한 사람, 공동체, 국가를 집어삼키려고 얼마나 무섭게 달려드는지 보여 주고 있다.

다윗은 막내아들로 태어남으로써 출생 때부터 형들의 모방욕망에 매우 쉽게 노출되었다. 힘 있는 형들에게 늘 당했던 요셉과 같이 다윗의 어린 시절도 녹녹치 않아 보인다. 사무엘이 새 왕을 찾기 위해 다윗 집에 찾아 왔을 때, 가장 허드렛일처럼 보이는 목동 일이 막내인 다윗의 일이었던 것을 보면 그렇다.

또 사무엘이 이새에게 이르되 네 아들들이 다 여기 있느냐. 이새가 이르되 아직 막내가 남았는데 그는 양을 지키나이다(삼상 16:11).

막내, 다윗

그의 목동 일이 얼마나 고되었는지는 알 수 없으나, 시詩가 주로 고통과 외로움의 산물이고, 그가 쓴 시들의 배경이 양을 치는 일과 관련된 것으로 미루어 짐작해 보면, 양을 치면서 외로움을 많이 느꼈던 것 같다. 어린 목동 다윗은 골리앗을 무찌르고 국민의 영웅으로 등극한다. 사울도 그의 공적을 높이 세우고자 군대의 장을 맡기고 그의 용맹을 치하했다.

다윗은 사울이 보내는 곳마다 가서 지혜롭게 행하매 사울이 그를 군대의 장으로 삼았더니 온 백성이 합당히 여겼고 사울의 신하들도 합당히 여겼더라(삼상 18:5).

그러나 성경의 내러티브(삼상 17:50-18:5)는 다윗이 골리앗의 머리를 잘라 왔을 때나 그 이후에도, 다윗을 칭찬하는 사울의 모습을 전혀 언급하고 있지 않다. 물론 다윗이 여러 전투에서 성공하는 모습을 보여 주었기에 그에게 군대장의 직책을 주었지만, 성경은 사울이 다윗을 칭찬했다는 표현은 하지 않는다. '백성이 합당히 여겼다'라든가 '사울의 신하들도 합당히 여겼다'와 같이, 사울이 아닌 백성과 사울의 신하들이 만족했다는 언급만 하고 있다.

사울의 모방욕망과 모방폭력

뭔가 불편했던 사울에게 기름을 붓는 사건이 발생한다.

무리가 돌아올 때 곧 다윗이 블레셋 사람을 죽이고 돌아올 때에 여인들이 이스라엘 모든 성읍에서 나와서 노래하며 춤추며 소고와 경쇠를 가지고 왕 사울을 환영하는데 여인들이 뛰놀며 노래하여 이르되 사울이 죽인 자는 천천이요 다윗은 만만이로다 한지라(삼상 18:6-7).

다윗을 향한 백성의 환호를 보면서 사울은 이렇게 반응한다.

사울이 그 말에 불쾌하여 심히 노하여 이르되 다윗에게는 만만을 돌리고 내게는 천천만 돌리니 그가 더 얻을 것이 나라 말고 무엇이냐 하고 그 날 후로 사울이 다윗을 주목하였더라(삼상 18:8-9).

사울은 다윗의 승승장구하는 모습이 영 못마땅했다. 지라르 식으로 이야기하면, 사울은 다윗을 모방하면서 그의 욕망을 발견한 것이다. 그것은 인정 욕구였다. 사울도 백성에게 그렇게 인정받고 싶었다. 임기 초반에는 사울도 인기가 매우 많은 왕이었다. 그러나 이제는 누구도 그를 향해 다윗에게만큼 환호하지 않는다. 다윗에게 환호하는 백성의 소리를 듣자 사울이 원래부터 갖고 있었던 욕망이 다시 꿈틀댄다. 그것은 다윗이 받는 그것, 그 환호, 백성의 지지와 박수였다. 그러나 지금의 사울에게는 그것이 없다. 그래서 다윗을 질투하기 시작한다.

사울의 모방욕망이 힘없는 다윗에게 쏟아지니 이내 모방폭력이 된다. 지라르가 언급한 것처럼, 사탄의 영 즉 모방욕망에 사로잡힌 인간은 질투와 시기와 폭력으로 한 영혼과 공동체를 파멸의 길로 몰아간다. 지금의 사울이 그렇다. 사탄이 부리는 사울의 모방폭력과 질투의 악령은 다윗을 죽이는 데까지 몰아간다.

그 이튿날 하나님께서 부리시는 악령이 사울에게 힘 있게 내리매 그가 집 안에서 정신없이 떠들어대므로 다윗이 평일과 같이 손으로 수금을 타는데 그때에 사울의 손에 창이 있는지라. 그가 스스로 이르기를 내가 다윗을 벽에 박으리라 하고 사울이 그 창을 던졌으나 다윗이 그의 앞에서 두 번 피하였더라(삼상 18:10-11).

이렇게 모방폭력의 영에 사로잡힌 사울은 질투와 시기심을 다윗에게 쏟아 붓는다. 다윗 때문에 생긴 자기 불안, 자기 위기를 해결하기 위해서는 다윗을 희생양으로 잡아 없애야 했다. 사울은 자기의 거짓 평화를 구가하기 위해 자기를 불안하게 만드는 다윗을 죽이려 한다.

사울이 단창으로 다윗을 벽에 박으려 하였으나 그는 사울의 앞을 피하고 … 사울이 전령들을 다윗의 집에 보내어 그를 지키다가 아침에 그를 죽이게 하려 한지라. … 사울이 전령들을 보내어 다윗을 잡으려 하매 … 사울이 또 전령들을 보내어 … 내가 그를 죽이리라(삼상 19:10-15).

모방폭력은 모방회오리가 되어 사울의 삶 전체를 집어삼킨다. 모방폭력으로 사람을 장악하는 사탄의 정체가 그렇다. 사울은 자기의 질투심과 시기심을 유발시키는 다윗만 없애면 된다고 생각했는데, 사실 다윗은 자기 딸 미갈의 남편이었다. 사울이 다윗을 죽이려고 시도하면 할수록 그는 자기 딸 미갈과 원수지간이 되어 갈 뿐이다.

사울이 미갈에게 이르되 너는 어찌하여 이처럼 나를 속여 내 대적을 놓아 피하게 하였느냐(삼상 19:17).

미갈은 남편 다윗을 철저히 숨기려 하고 사울은 그를 죽이려 한다. 이런 상황 속에서 딸 미갈과 아버지와의 갈등은 점점 더 깊어진다. 뿐만 아니라 사울은 아들 요나단과도 척을 진다. 딸 미갈이 아버지를 향해 어떤 불만도 표하지 못하는 것과는 달리 아들 요나단은 아버지에게 직언한다.

사울이 요나단에게 화를 내며 그에게 이르되 패역무도한 계집의 소생아 네가 이새의 아들을 택한 것이 네 수치와 네 어미의 벌거벗은 수치 됨을 내가 어찌 알지 못하랴. 이새의 아들이 땅에 사는 동안은 너와 네 나라가 든든히 서지 못하리라. 그런즉 이제 사람을 보내어 그를 내게로 끌어오라. 그는 죽어야 할 자이니라 한지라. 요나단이 그의 아버지 사울에게 대답하여 이르되 그가 죽을 일이 무엇이니이까. 무엇을 행하였나이까. 사울이 요나단에게 단창을 던져 죽이려 한지라. 요나단이 그의 아버지가 다윗을 죽이기로 결심한 줄 알고 심히 노하여 식탁에서 떠나고 그 달의 둘째 날에는 먹지 아니하였으니 이는 그의 아버지가 다윗을 욕되게 하였으므로 다윗을 위하여 슬퍼함이었더라(삼상 20:30-34).

사울의 알량한 모방욕망은 자신뿐만 아니라 가족까지 파멸의 길로 인도한다. 결국 사울의 딸 미갈은 자신의 남편을 떠나보내야 했으며, 사울의 아들 요나단은 영혼의 친구인 다윗을 버려야만 했다. 성경은 기록하지 않지만, 사울과 그의 자녀들과의 관계는 뒤엉켜진 채로 끝을 맺는다. 한 사람의 모방욕망이 자기 자신과 한 가정을 어떻게 파멸의 길로 이끄는지 보여 주는 예이다.

다른 길을 걷는 다윗

1인 국가 권력 시대에 국가공권력의 총화력을 일방적으로 맞고 있는 다윗, 그는 이런 모방회오리 앞에서 어떻게 버텨 낼 수 있었을까? 그가 권력을 잡았을 때 공권력을 사용해 사울이 자신에게 했듯이 그렇게 사울과 그의 가문을 대했다면, 이스라엘은 그야말로 모방폭력 회오리 속에서 피의 복수극만 반복됐을 것이다. 그러면 모든 일의 주동자인 사탄은 멀찍이서 흐뭇한 미소를 짓고 있었을 것이다.

그러나 다윗은 사울의 모방폭력에 같은 모방폭력으로 대응하지 않았다. 하나님을 경외했던 다윗은 이 모든 메커니즘의 원흉인 사탄의 계략에 말려들지 않았던 것이다. 그러던 어느 날, 다윗은 사울을 죽일 기회를 잡는다.

다윗의 사람들이 이르되 보소서 여호와께서 당신에게 이르시기를 내가 원수를 네 손에 넘기리니 네 생각에 좋은 대로 그에게 행하라 하시더니 이것이 그날이니이다 하니 다윗이 일어나서 사울의 겉옷 자락을 가만히 베니라 … 다윗이 이 말로 자기 사람들을 금하여 사울을 해하지 못하게 하니라. 사울이 일어나 굴에서 나가 자기 길을 가니라(삼상 24:4, 7).

이번만이 아니었다. 다윗에게는 두 번째 기회도 있었다.

다윗과 아비새가 밤에 그 백성에게 나아가 본즉 사울이 진영 가운데 누워 자고 창은 머리 곁 땅에 꽂혀 있고 아브넬과 백성들은 그를 둘러 누웠는지라. 아비새가 다윗에게 이르되 하나님이 오늘 당신의 원수를 당신의 손에 넘기셨나이다. 그러므로 청하오니 내가 창으로 그를 찔러서 단번에 땅에 꽂게 하소서. 내가 그를 두 번 찌를 것이 없으리이다 하니 다윗이 아비새에게 이르되 죽이지 말라. 누구든지 손을 들어 여호와의 기름 부음 받은 자를 치면 죄가 없겠느냐 하고(삼상 26:7-9).

다윗은 자신의 칼을 들어 사울을 죽임으로써 진저리나는 도피 생활을 끝내고 누명을 벗을 수 있었다. 그러나 만약 다윗이 그렇게 했다면, 그것은 복수 메커니즘의 서막을 여는 것에 불과했을 것이다. 오히려 그렇게 하지 않음으로써 사울이 얼마나 거짓된 것에 붙잡혀 있는지 알려 주었고 폭력적인 모방 욕망의 체인을 끊어 버린다.

사울이 이르되 내가 범죄하였도다. 내 아들 다윗아 돌아오라.

네가 오늘 내 생명을 귀하게 여겼은즉 내가 다시는 너를 해하려 하지 아니하리라. 내가 어리석은 일을 하였으니 대단히 잘못되었도다 하는지라(삼상 26:21).

다윗은 이렇게 모방폭력 기제를 극복한다. 자신의 권리를 포기하고 자신의 힘을 내려놓은 것이다. 진실을 밝힌다는 미명 아래 행사할 수 있었던 복수를 하지 않음으로써 모방욕망을 극복한다.

왕이 된 다윗의 모방욕망

사울은 세 아들들과 함께 역사의 뒤안길로 사라졌다. 이제 다윗은 사울의 뒤를 이어 유다의 왕으로 등극한다.

유다 사람들이 와서 거기서 다윗에게 기름을 부어 유다 족속의 왕으로 삼았더라(삼하 2:4).

그러나 유다 지역을 제외한 다른 모든 지역의 통치권은 사울의 아들 이스보셋과 그의 부하들이 가지고 있었다. 이런 녹록지 않은 상황 속에서 다윗의 군사력을 강하게 해 준 자들이 있었으니 그의 조카들인 요압과 아비새와 아사헬이었다. 그들은 스루야의 아들들이었는데, 스루야는 다윗의 누이[1]였다. 다윗은 조카들과 함께 먼저 작은 땅 유대에서 왕으로 자리

152

를 잡고, 사울의 아들 이스보셋과 그 세력을 접수한 후 명실공히 이스라엘의 왕위에 오르게 되었다.

> ⋯ 다윗에게 기름을 부어 이스라엘 왕으로 삼으니라. 다윗이 나이가 삼십 세에 왕위에 올라 사십 년 동안 다스렸으되(삼하 5:3-4).

다윗의 친조카인 요압과 아비새와 아사헬은 분명 개국공신이었다. 그런데 다윗은 이들 중 요압과 아주 불편한 관계에 놓이게 된다. 사건의 발단은 이렇다. 요압은 다윗을 통일 이스라엘의 왕으로 만들기 위해 싸우던 중 사울의 잔존 세력인 이스보셋과 군사령관 아브넬과 대치하게 된다. 그때 양 군대가 서로 힘을 겨루는 일이 생겼다(삼하 2:12-17). 맹렬했던 그 싸움의 승기를 다윗의 신복들이 가져갈 때쯤, 요압의 형제 아사헬이 아브넬의 목을 치기 위해 쫓아간다. 그런데 그만 아브넬에게 당하고 만다.

> 그(아사헬)가 물러가기를 거절하매 아브넬이 창 뒤 끝으로 그의 배를 찌르니 창이 그의 등을 꿰뚫고 나간지라. 곧 그 곳에 엎드려져 죽으매 아사헬이 엎드러져 죽은 곳에 이르는 자마다 머물러 섰더라(삼하 2:23).

이 사건 이후, 요압은 자기 형제의 원수인 아브넬을 향해 복수의 칼을 갈게 된다. 그러던 중 아브넬이 사울을 배반하고 다윗에게 전향하겠다는 뜻을 보인다.

아브넬이 자기를 대신하여 전령들을 다윗에게 보내어 이르되 이 땅이 누구의 것이니이까. 또 이르되 당신은 나와 더불어 언약을 맺사이다. 내 손이 당신을 도와 온 이스라엘이 당신에게 돌아가게 하리이다 하니(삼하 3:12).

사울의 가문을 버리고 자기에게 오려는 아브넬에게 다윗은 한 가지 조건을 내건다. 그것은 자기의 첫 사랑, 미갈을 찾아오는 것이었다.

… 다윗이 아브넬과 그와 함께 한 사람을 위하여 잔치를 배설하였더라. 아브넬이 다윗에게 말하되 내가 일어나 가서 온 이스라엘 무리를 내 주 왕의 앞에 모아 더불어 언약을 맺게 하고 마음에 원하시는 대로 모든 것을 다스리시게 하리이다 하니 이에 다윗이 아브넬을 보내매 그가 평안히 가니라 (삼하 2:20-21).

다윗이 아브넬을 받아 주고 그를 위해 큰 잔치를 베풀었다는 소식을 요압이 듣게 된다. 요압은 다윗을 이해할 수가 없었다. 자기 형제를 죽인 아브넬, 원수의 군사령관인 아브넬을 어찌 받아 줄 수 있는가! 이에 요압은 다윗을 찾아가서 거침 없이 나무란다.

요압이 왕에게 나아가 이르되 어찌 하심이니이까. 아브넬이 왕에게 나아왔거늘 어찌하여 그를 보내 잘 가게 하셨나이까. 왕도 아시려니와 넬의 아들 아브넬이 온 것은 왕을 속임이라. 그가 왕이 출입하는 것을 알고 왕이 하시는 모든 것을 알려 함이니이다 하고(삼하 3:24-25).

요압의 모방폭력

지라르 이론으로 보면, 요압은 아브넬을 상대로 모방욕망을 가지고 있다. 그 욕망의 목표가 다윗 왕에게 신임받는 것이었는지, 통일된 나라의 완성이었는지, 군사령관으로서 더 많은 권한을 갖는 것이었는지는 알 수 없다. 그러나 아브넬은 요압의 라이벌이었고 동생을 죽인 원수였다. 자연스럽게 요압은 모방폭력과 모방회오리에 붙들릴 수밖에 없었고, 라이벌인 아브넬을 제거해야만 자기 세계의 분노와 그로 인한 불안을 없앨 수 있었다. 그는 끝내 자기를 근심의 길로 인도할 아브넬을 제거하고 일시적 평화를 구가한다.

아브넬이 헤브론으로 돌아오매 요압이 더불어 조용히 말하려는 듯이 그를 데리고 성문 안으로 들어가 거기서 배를 찔러 죽이니 이는 자기의 동생 아사헬의 피로 말미암음이더라(삼하 3:27).

이후의 다윗의 행동은 이해할 수 없다. 그는 아브넬의 사망 소식을 듣고 애도한다. 그럴 수 있다. 공감 능력이 풍부한 선한 왕 다윗은 그럴 수 있다. 그러나 다윗은 거기서 그친 게 아니라 적군의 최고 군사령관이었던 아브넬의 죽음을 국장國葬으로 선포한다. 요압뿐만 아니라 백성 모두에게 애도를 명령하면서 말이다. 게다가 다윗은 아브넬의 상여를 따라가면서까지 애도하는 모습을 보인다.

다윗이 요압과 및 자기와 함께 있는 모든 백성에게 이르되 너희는 옷을 찢고 굵은 베를 띠고 아브넬 앞에서 애도하라 하니라. 다윗 왕이 상여를 따라가 아브넬을 헤브론에 장사하고 아브넬의 무덤에서 왕이 소리를 높여 울고 백성도 다 우니라(삼하 3:31-32).

다윗의 이해할 수 없는 행동에는 의도가 있는 듯하다. 첫째, 아브넬의 죽음에 애도의 뜻을 크게 표현함으로써 자신이 아브넬을 죽였다는 오해를 씻을 수 있었다.

이 날에야 온 백성과 온 이스라엘이 넬의 아들 아브넬을 죽인 것이 왕이 한 것이 아닌 줄을 아니라(삼하 3:37).

성경은 아브넬의 죽음이 다윗에게 얼마나 큰 정치적 부담이었는지 설명한다. 다윗은 이 오해를 벗고 싶었던 것이다. 그래서 극진하게 국장으로 장례를 치렀고, 자신이 아브넬의 죽음과 아무 관련 없다는 것을 입증할 수 있었다.

둘째, 다윗은 요압에게 신호를 보내는 것이다. 왜 시키지도 않은 짓, 아니, 하지 말라는 일(아브넬 살해)을 해서 국가 정무를 방해했는지 꾸짖고 있는 것이다. 요압의 존재는 다윗에게 이 정도로 불편했다. 심지어 성경은 이렇게 표현하고 있다.

왕이 그의 신복에게 이르되 오늘 이스라엘의 지도자요 큰 인물이 죽은 것을 알지 못하느냐. 내가 기름부음을 받은 왕이 되었으나 오늘 약하여서 스루야의 아들인 이 사람들(요압과 그 형제들)을 제어하기가 너무 어려우니 여호와는 악행한 자에게 그 악한 대로 갚으실지로다 하니라(삼하 3:38-39).

다윗은 왕이었음에도 불구하고 자기 조카들인 요압과 그 형제들이 너무 껄끄러웠다. 하지만 그들을 내치지 못한다. 지라르 이론으로 보면, 다윗과 요압은 같은 욕망의 목적을 갖고 묶인 모방패거리였다. 같은 욕망, 그것이 더 큰 권력이 되었

157

든, 자기 명예를 드러내는 것이었든, 일인자로 가기 위한 과정이었든, 그들은 서로를 이용하면서 서로를 지켜 준다. 그들은 서로 라이벌이지만 같은 패거리, 운명 공동체로 살아간다. 그것이 다윗에게는 불편했지만 동시에 필요했기에, 그들과 모방짝패의 운명으로 살아간다. 요압을 향한 다윗의 모방짝패 태도는, 밧세바의 남편 우리아를 죽일 때 확실히 드러난다.

모방폭력에 휘말린 다윗

권력의 힘이 이렇게 무서운지 몰랐다. 순수했던 다윗, 모방폭력과 희생양 메커니즘에 들어가지 않고 과감하게 그 모방회오리에서 벗어날 줄 알았던 다윗은 이제 변질되었다. 변질된 모습의 절정이 사무엘하 11장에 드러난다. 다윗은 왕들이 출전해야 하는 전투에 나서지 않는다. 왜 성경이 그 전쟁을 '왕들이 출전할 때'의 전쟁이라고 설명했는지는 알 수 없다. 신정정치에 기반을 둔 이스라엘은, 어떤 전쟁은 왕들이 나가야 하는 전쟁 즉 하나님이 꼭 나가게 하시는 전쟁으로 여겼을 수 있고 그래서 그렇게 표현했을 수도 있다. 그러나 다윗은 전쟁에 참여하지 않고 그의 침상에서 그 아침을 맞는다. 성경은 그가 오후에 침상에서 나왔음을 기록하고 있다.

> 저녁 때에 다윗이 그의 침상에서 일어나 왕궁 옥상에서 거닐다가(삼하 11:2).

그가 전쟁에 나가지 않은 이유도 분명하지 않다. 단순히 게으름 때문인지, 이제는 통일왕국의 맹주이므로 한갓 전투에 굳이 나갈 필요성을 못 느꼈는지, 아니면 왕정 시스템이 정주定住 왕정으로 바뀌었기 때문인지, 왜인지 몰라도 다윗은 '왕들이 출전할 때'가 되었음에도 나가지 않고 오후가 되어서야 침상에서 기지개를 펴고 있다.

그리고 그는 왕궁 옥상을 거닐다가 우연히 한 여인이 목욕하는 모습을 본다. 다윗은 그 여인의 미모에 빠진 듯하다. 그러나 그 여인을 곧바로 왕궁으로 부르지 않고 일단 신상 조사를 시킨다. 그리고 자신의 충신 우리아의 아내라는 것을 알게 되는데, 그럼에도 다윗은 그 여인을 왕궁으로 부른다.

> 다윗이 사람을 보내 그 여인을 알아보게 하였더니 그가 아뢰되 그는 엘리암의 딸이요 헷 사람 우리아의 아내 밧세바가 아니니이까 하니(삼하 11:3).

다윗의 이런 모습을 지라르의 모방이론으로 환원시키는 것은 억지스럽지만, 다윗의 밧세바에 대한 욕망이 즉흥적이지 않고 모방적임을 엿볼 수 있는 단서는 될 수 있다. 다윗은 임신 소식을 접한다. 이제 다윗은 최소한의 양심이 발동한다. 이 아이가 자신의 자식이 되면 안 된다. 이 아이는 밧세바의 남편인 우리아의 아이가 되어야 한다. 그래서 전장에 있는 우리아를 불러오라고 한다.

> 다윗이 요압에게 기별하여 헷 사람 우리아를 내게 보내라 하매
> 요압이 우리아를 다윗에게로 보내니(삼하 11:6).

영문도 모르고 급하게 왕궁으로 달려온 우리아는 뜬금없
는 포상휴가 소식에 어리둥절하다.

> 그(왕)가 또 우리아에게 이르되 네 집으로 내려가서 발을 씻으
> 라 하니 우리아가 왕궁에서 나가매 왕의 음식물이 뒤따라 가니
> 라(삼하 11:8).

나라에 충직한 우리아는 왕의 배려를 받았음에도 자기
집으로 가서 편히 쉴 수가 없었다.

> 우리아가 다윗에게 아뢰되 언약궤와 이스라엘과 유다가 야영
> 중에 있고 내 주 요압과 내 왕의 부하들이 바깥 들에 진 치고 있
> 거늘 내가 어찌 내 집으로 가서 먹고 마시고 내 처와 같이 자리
> 이까. 내가 이 일을 행하지 아니하기로 왕의 살아 계심과 왕의
> 혼의 살아 계심을 두고 맹세하나이다 하니라(삼하 11:11).

다윗은 우리아를 집에 보내 아내와 합방하게 만들어서

자신의 계획을 이루려 하였으나 우리아는 다윗의 계획대로
움직여 주지 않았다. 다윗의 세계에 불안이 엄습한다. 이 불안
의 원인은 우리아였다. 다윗은 자신의 모방욕망에서 발생하
여 자신에게 엄습해 오는 모방회오리를 비켜나야만 했다. 그
는 우리아를 희생양으로 제거해야만 자기 내면세계의 불안을
극복할 수 있다고 믿는다. 이제 다윗은 우리아 제거 작전에 들
어간다. 다윗은 요압에게 이렇게 편지를 쓴다.

> 그 편지에 써서 이르기를 너희가 우리아를 맹렬한 싸움에 앞세
> 워 두고 너희는 뒤로 물러가서 그로 맞아 죽게 하라 하였더라
> (삼하 11:15).

결국 우리아는 다윗의 작전대로 최전선에서 죽음을 맞게
된다.

> 왕의 종 헷 사람 우리아도 죽었나이다(삼하 11:24).

언제부터인가 다윗은 우리가 아는 다윗이 아니다. 이 사
건에서 우리가 만나는 다윗은 교활하고 권위적이며 비도덕적
이고 살기가 가득한 사람으로 변질돼 있다. 희생양으로 죽어
간 우리아… 그런데 그는 죽음과 함께 자기의 목소리를 남겨
놓았다. 그는 힘이 없어 그냥 죽어 갔지만, 뭔가 남기고 갔다.

과연 우리아는 다윗의 간통을 정말 몰랐을까? 우리 대부분은 우리아가 아무것도 몰랐고 그렇게 죽어 갔다고 생각한다. 그런데 석연치 않다. 성경은 뭔가를 말하고 있다. 다시 다윗과 우리아가 왕궁에서 만나는 장면으로 돌아가 보자.

우리아의 가짜 충성

다윗은 전장에서 돌아온 우리아에게 세 번의 '샬롬'(평안)을 물었었다.

> 우리아가 다윗에게 이르매 다윗이 1)요압의 안부와 2)군사의 안부와 3)싸움이 어떠했는지를 묻고(삼하 11:7).

각 안부에 대해 우리아는 할 말이 많았을 것이다. 그러나 다윗은 대답을 들으려 하지 않는다. 우리아에게 바로 집으로 가서 쉬라고 명령한다.

> 그가 또 우리아에게 이르되 네 집으로 내려가서 발을 씻으라 하니(삼하 11:8).

지금 다윗의 관심은 그들의 안부에 있지 않다. 빨리 우리아를 집으로 보내서 아내와 쉬게 하는 것이다. 많은 독자들은 이 지점에서 우리아가 "언약궤와 이스라엘과 유다가 야영 중

162

에 있고 내 주 요압과 내 왕의 부하들이 바깥 들에 진 치고 있거늘 내가 어찌 내 집으로 가서 먹고 마시고 내 처와 같이 자리이까. 내가 이 일을 행하지 아니하기로 왕의 살아 계심과 왕의 혼의 살아 계심을 두고 맹세하나이다"(삼하 11:11)라고 답했다고 생각한다.

그러나 우리아의 이 충직한 고백은, 집으로 가라는 다윗의 배려 후에 곧바로 나온 것이 아니다. 다윗의 명령과 우리아의 답변 사이에는 네 개 절이 더 있다.

다윗은 우리아에게 "집으로 내려가라!"고 명령한 후, 우리아가 바로 집으로 간 줄 알았다. 그래서 그에게 왕의 진상품들을 하사했다. "우리아가 왕궁에서 나가매 왕의 음식물이 뒤따라 가니라"(삼하 11:8). 우리아도 집으로 갈 요량이었던 것으로 보인다. 왜냐하면 다윗의 명령이 떨어졌을 때 바로 "아닙니다. 왕이시여"라고 말하지 않았기 때문이다. 우리아의 충정 어린 답변은 조금 후인 11절에 나온 것이다!

우리아는 다윗의 경호원이었다. 사무엘하 23장에서는 우리아가 다윗의 특별경호부대원—'삼십인 특별부대'(새번역), 'Bodyguard'(NIV)—이었다고 설명하고 있다. 즉 우리아는 다윗 혹은 요압을 지근거리에서 모시는 호위무사였다. 그런 그가 집으로 내려가기 전에 방문했던 곳이 있었으니, 바로 왕궁 문 옆에 있는 특별부대원 당직실이었다.

그러나 우리아는 집으로 내려가지 아니하고 왕궁 문에서 그의
주의 모든 부하들과 더불어 잔지라(삼하 11:9).

우리아는 바로 집으로 간 것이 아니었다. 동료들이 있던
당직실로 먼저 간 것이다. 다윗을 지근거리에서 모시는 동료
들과 함께 있으면서 우리아가 왕궁에서 일어난 여러 비사들
을 듣지 못했을 리 없다. 특히 왕에게 일어나는 비사들은 단연
최고의 안주거리다. 만약 다윗이 은밀하게 밧세바를 직접 찾
아갔다면 경호원들이 몰랐을 것이다. 만약 밧세바가 자신의
임신 사실을 다윗에게 직접 가서 알렸다면 경호원들은 몰랐
을 것이다. 그런데 성경은 이 모든 사건에 경호원들이 중재 역
할을 하고 있음을 드러내고 있다.

다윗이 사람을 보내 그 여인을 알아보게 하였더니(삼하 11:3).

그 여인이 임신하매 사람을 보내 다윗에게 말하여(삼하 11:5).

이렇듯 다윗의 행적은 경호원들을 통해 조심스럽게 왕궁
에 퍼지기 시작했다. 우리아가 자기 집으로 가기 전, 왕궁 문
에 위치한 당직실에서 이 이야기를 들었다고 확증할 수는 없
지만 합리적으로 충분히 추론이 가능하다. 이 추론이 더욱 신
빙성 있는 이유는, 다음 날 일어난 사건 때문이다. 다윗은 우

리아가 첫날 집에 들어가서 자지 않았다는 사실을 알게 된다. 그래서 둘째 날 그를 불러 왜 그리하지 않았느냐고 다그친다. 그때 나온 우리아의 반응이 우리가 아는 그 '충직한 신하의 답변'이다.

> 언약궤와 이스라엘과 유다가 야영 중에 있고 내 주 요압과 내 왕의 부하들이 바깥 들에 진 치고 있거늘 내가 어찌 내 집으로 가서 먹고 마시고 내 처와 같이 자리이까(삼하 11:11).

어떤 학자[2]는 이것이 우리아의 충직한 고백이 아니라 다윗에 대한 우리아의 조소嘲笑라고 설명한다. 우리아는 당직실에서 다 들었다는 것이다. 다윗이 자신의 아내를 불렀고 겁탈했으며 임신시켰다는 얘기를 다 들었다는 것이다. 그래서 그는 일부러 집에 들어가지 않았다는 것이다. 나름의 복수였다. 자기 아이가 아님을 보여 주기 위함이었을 것이다. 자기 목숨을 걸고 왕에게 조심스러운 복수를 한 것이다. 그리고 왕이 다그치자 우리아는 성적 비유를 연상케 하는 세 단어, "먹고 마시고 … 자리이까"를 사용해서 다윗의 만행을 꼬집고자 했다는 것이다.

성경은 모든 것을 다 설명하고 있지는 않지만 독자들을 본문 안으로 초청해서 넓게 벌려 놓은 행간 안으로 들어오게 한 후, 그 본문을 같이 읽자고 권한다. 그렇게 성경을 읽어 내려가는 동안 독자는 저자의 세계와 본문의 세계와 자신의 세계가 만나는 신비를 경험하게 된다.

다윗과 요압의 모방폭력 굴레

이렇게 우리아까지 죽자 다윗은 안도의 한숨을 쉰다. 완전범죄를 저지른 자의 거짓 평화라고 할 수 있다. 모방폭력과 희생양 메커니즘으로 일시적 평화를 누리는 자의 거짓 위선이라고 할 수 있다. 다윗은 완전범죄라고 생각했을 수 있지만, 이 범죄를 뒤에서 보고 있던 자가 있었으니 바로 요압이다. 전쟁터에 있던 요압은 어떤 이유 때문인지 정확히 알 수 없지만 우리아를 죽게 하라는 전갈을 다윗으로부터 받는다.

그 편지에 써서 이르기를 너희가 우리아를 맹렬한 싸움에 앞세워 두고 너희는 뒤로 물러가서 그로 맞아 죽게 하라 하였더라 (삼하 11:15).

그리고 요압은 충실하게 왕의 명령을 따른다.

요압이 그 성을 살펴 용사들이 있는 것을 아는 그 곳에 우리아를 두니(삼하 11:16).

요압은 그 누구보다 다윗의 치부를 잘 안다. 그리고 그 곁

166

에서 끝까지 그에게 긴장감을 주는 인물이다. 삼각형 모방이
론에서 주체와 라이벌이 가까우면 가까울수록 긴장 관계가
심화된다는 지라르의 이론이 적용되는 관계다.

그래서인지 다윗은 늘 요압이 껄끄럽다. 그는 조카이자
부하였음에도 다윗의 손 안으로 들어오지 않는 인물이었다.
결국 요압은 다윗의 명령보다는 자신의 원칙에 따라 움직인
다. 압살롬이 반역했을 때 그는 다윗의 아들임에도 과감히 처
단한다.

> 요압이 이르되 나는 너와 같이 지체할 수 없다 하고 손에 작은
> 창 셋을 가지고 가서 상수리나무 가운데서 아직 살아 있는 압
> 살롬의 심장을 찌르니(삼하 18:14).

비록 반역자이지만 자기 아들인 압살롬의 죽음 소식을
들은 다윗은 슬픔에 빠진다. 그러나 다윗은 압살롬을 죽인 요
압에게 어떤 말도 하지 않은 것 같다. 분명 왕은 "젊은 압살롬
을 해하지 말라!"(삼하 18:12)는 어명을 내렸다. 그러나 압살롬
을 죽인 요압에게 "왜 어명을 어겼느냐" 또는 "내 아들에게 꼭
그래야만 했느냐" 또는 "그 방법밖에 없었냐"와 같은 말을 전
혀 하지 않는다. 반역자였지만 왕의 아들인 압살롬을 그리 쉽
게 처단한 요압을 어명으로 처단할 수도 있었고, 국문에 붙일
수도 있었고, 구두로라도 힐난할 수 있었지만, 왕은 요압 앞에

서 아무 말도 하지 못한다.

적반하장도 유분수라고 해야 할지, 요압은 오히려 슬픔
에 빠진 다윗을 질책한다. 어찌 반역자가 죽었는데 그리 슬픔
에 빠져 있느냐면서 부끄러운 줄 알라고 호통이다.

요압이 집에 들어가서 왕께 말씀 드리되 왕께서 오늘 왕의 생
명과 왕의 자녀의 생명과 처첩과 비빈들의 생명을 구원한 모든
부하들의 얼굴을 부끄럽게 하시니(삼하 19:5).

한술 더 떠서 요압은 다윗을 협박하고 있다.

이제 곧 일어나 나가 왕의 부하들의 마음을 위로하여 말씀하옵
소서. 내가 여호와를 두고 맹세하옵나니 왕이 만일 나가지 아
니하시면 오늘 밤에 한 사람도 왕과 함께 머물지 아니할지라.
그리하면 그 화가 왕이 젊었을 때부터 지금까지 당하신 모든
화보다 더욱 심하리이다 하니(삼하 19:7).

그러나 다윗은 이런 요압에게 "무엇이라고? 네가 지금
나를 협박하는 것이냐!"라고 호통치지 못하고 요압이 시키는
대로 한다.

왕이 일어나 성문에 앉으매…(삼하 19:8).

아마도 어느 시점부터 다윗의 리더십은 레임덕에 빠지게 되었고, 그 실권을 요압이 장악한 듯 보인다. 조카이자 부하였던 요압과 모방짝패로, 한 패거리로 살아온 다윗, 그는 이 지긋지긋한 모방폭력을 자신의 후계자인 솔로몬에게는 넘겨 주기 싫었던 모양이다. 유언에서 요압의 치정을 드러내며 그를 처단할 것을 언급한다.

스루야의 아들 요압이 내게 행한 일 곧 이스라엘 군대의 두 사령관 넬의 아들 아브넬과 예델의 아들 아마사에게 행한 일을 네가 알거니와 그가 그들을 죽여 태평 시대에 전쟁의 피를 흘리고 전쟁의 피를 자기의 허리에 띤 띠와 발에 신은 신에 묻혔으니, 네 지혜대로 행하여 그의 백발이 평안히 스올에 내려가지 못하게 하라(왕상 2:5-6).

그러나 다윗은 소년 다윗 때처럼 이 모방폭력을 끊어 내지 못하고 있다. 그의 유언을 보면 끝까지 문제의 원인이 요압에게 있고 자신은 피해자라고 주장한다. 이렇게 주장하는 순간, 이 모방폭력은 솔로몬을 통해 더 크게 일어날 것이고, 이 폭력은 짝패와 회오리로 이스라엘 전체를 휘감을 것이다.

소그룹 나눔을 위한 질문

1. 사울은 어린 다윗을 통해 어떤 모방욕망에 빠졌는가? 다윗과 요압은 서로 어떤 모방욕망에 빠졌는가? 혹시 나도 가장 가까운 가족, 친지, 동료 안에서 쉽게 빠지는 모방욕망이 있는가?

2. 다윗의 진짜 위기는 무엇이었을까? 밧세바와의 사이에서 태어난 아이인가? 여러 명의 아내를 취한 것인가? 전제왕정 하에서 왕이 아내를 취하고 그 사이에서 아이를 낳는 것이 그토록 위기인가? 왜 다윗은 우리아까지 죽여 가며 이 사실을 덮으려 했을까? 그의 진짜 위기는 무엇인가?

8장

이스라엘 공동체의 모방욕망

포로 전·후기

이스라엘의 역사 중에서 기원전 8-6세기처럼 심한 격랑을 경험한 때는 없었을 것이다. 당시 이스라엘은 남과 북으로 나뉘었고, 남쪽은 남쪽대로 북쪽은 북쪽대로 친왕적이고 온전 보수파인 왕당파와 급진적 개혁을 강조하는 진보파의 갈등을 겪고 있었다. 북쪽은 다윗의 혈통을 거부한 세력의 규합이었기 때문에 남쪽에 비해 쿠데타와 반역이 잦았다. 그래서 왕조의 붕괴와 새 왕조의 등용 또한 빈번했다. 남쪽도 내부의 문제가 없었던 것은 아니다. 다윗 혈통과 유일신 신앙으로 정통성을 내세웠지만, 이방 문화와 이방 신에 경도된 왕들은 하나님과 사람의 인내심을 시험하곤 하였다.

남유다의 패망기에 폭발한 모방욕망

이렇게 활화산처럼 부글거리던 남유다와 북이스라엘의 문제가 정점을 찍고 폭발한 계기는 메소포타미아에서 발원한 두 강대국의 출현이었다. 앗시리아(앗수르)의 출현으로 기원전 722년에 호세아 왕이 항복하면서 북이스라엘은 역사 속에 종말을 고했다. 남유다도 이런 정세 흐름에서 자유로울 수 없었다. 기원전 604년부터 강하게 압박해 온 패권국, 기존의 패권국인 앗시리아를 단번에 물리친 무법자 바벨론은 무섭게 승기를 잡아 팔레스타인의 숨통을 조이고 있었다. 결국 기원전 586년, 느부갓네살은 남유다 마지막 왕인 시드기야의 두 눈을 뽑아 버리고 예루살렘을 함락시킨 후 이스라엘 백성을 포로로 끌고 갔다.

> 그들이 시드기야의 아들들을 그의 눈앞에서 죽이고 시드기야의 두 눈을 빼고 놋 사슬로 그를 결박하여 바벨론으로 끌고 갔더라(왕하 25:7).

이 시기는 굳이 설명하지 않아도 모방폭력과 모방짝패와 모방회오리의 엄혹함이 그대로 서려 있는 때였다. 강대국 바벨론의 모방폭력 속에 동조하는 모방짝패들, 그리고 그 회오리를 더욱 크게 만들어서 더 강한 강대국으로 입지를 공고히 하려는 패권국의 횡포가 난무하던 시대다. 그런데 지라르

172

의 모방욕망에 따르면 가장 슬픈 것은 약자들이 희생양이 되어 가는 것이다. 이제 강자들은 자신들의 논리대로 더 많은 파이pie를 탐닉할 것이다. 강대국들은 자신들의 심리적, 정신적 불균형을 조정하기 위해, 다시 말하면 자기 합리화를 위해 폭력의 원인을 규명할 희생양을 정하고 모든 원인을 그 희생양(약자)에게 뒤집어씌울 것이다. 그것이 힘없는 자의 비참함이다. 지금 성경의 이 구도 속에서 희생양은 누구일까? 바로 백성이다.

두 부류의 이스라엘

이 백성은 두 부류로 나눌 수 있다. 첫째는 느부갓네살에게 잡혀서 바벨론으로 끌려간 사람들이다. 바벨론의 대우는 그리 팍팍하지는 않았던 것 같다. 포로로 잡아간 왕 여호야긴을 국빈으로 대우했고,[1] 포로 된 이스라엘 백성도 가족들과 함께 살게 했으며, 일거리를 주어 경제활동을 할 수 있게 했다.[2] 그러나 자기 집과 전토를 버리고 떠난 이역만리 타향에서의 삶은 말대로 고역이다. 특히 이스라엘 백성은 예루살렘 성전을 중심으로 모이는 유일신 신앙을 가진 자들이다. 이들에게는 성전에 가지 못하고 이방 신전이 가득한 바벨론 땅에서 살아간다는 것이, 아무리 일자리를 제공한다고 해도 가장 비참한 시간을 보내고 있는 것이었다.[3]

두 번째 그룹은 남유다 땅에 그대로 남겨진 사람들이다.

173

바벨론은 남유다를 침공한 후에 아무나 포로로 잡아가지 않았다. 그들은 주로 전문 지식인과 기술자들을 포로로 잡아갔다.[4] 다시 말하면 쓸모 있는 사람들만 데려갔다는 말이다.

그가 또 예루살렘의 모든 백성과 모든 지도자와 모든 용사 만 명과 모든 장인과 대장장이를 사로잡아 가매 비천한 자 외에는 그 땅에 남은 자가 없었더라(왕하 24:14).

유다와 예루살렘의 고관들과 기능공과 토공들이 예루살렘에서 떠난 후라(렘 29:2).

위의 열왕기하와 예레미야 말씀에 나온 것처럼, 바벨론으로 잡혀간 자들은 기술자 그룹이었다. 그럼 남아 있는 자들은 어떤 사람들인가? 기술이 없고 가난한 자들, 즉 바벨론으로 데려갈 가치가 없는 약자들이 그 땅에 남겨진 것이다.

사령관 느부사라단이 아무 소유가 없는 빈민을 유다 땅에 남겨 두고 그날에 포도원과 밭을 그들에게 주었더라(렘 39:10).

… 바벨론으로 잡혀가지 아니한 빈민을 그(바벨론 총독)에게 위임하였다(렘 40:7).

시위대장이 그 땅의 비천한 자를 남겨 두어 포도원을 다스리는
자와 농부가 되게 하였더라(왕하 25:12).

유다 땅에는 이제 가장 가난하고 기술이 없고 무능한 사
람들만 남겨지게 되었다. 요세푸스는 심지어 그 땅에는 가난
한 자들뿐 아니라 자기 민족을 배반한 변절자들도 남겨 놓았
다고 한다.[5] 이렇게 유다 땅은 버려진 땅이었다. 그들의 낮은
자존감과 실패 의식, 버려졌다는 상실감은 희생양 된 자들의
버려진 마음일 것이다.

바벨론 포로들에게 나타난 모방폭력

설상가상으로 더욱 비참한 것은 이 두 그룹의 이스라엘
백성이 모방욕망에 사로잡혀 서로를 비난하고 합리화하는 것
이었다. 이 두 그룹은 희생양으로 내쳐지지 않기 위해 서로를
비난한다.[6] 이는 모방욕망으로 희생양이 된 자들의 마지막 견
제 심리이다.

첫째 그룹, 즉 바벨론으로 끌려간 포로들에게는 자기 합
리화가 필요했다. 아무리 쓸모 있는 전문가 그룹이라고 하지
만 유일신 하나님을 섬기는 이스라엘 백성에게 가장 필요한
것은 하나님의 신탁(신적 약속)이다. 예루살렘 성전을 중심으
로 신앙을 형성해 온 이들에게는 바벨론 포로가 된 것이 최악
의 저주 상황이었다. 그런데 에스겔을 통해 바벨론에 신탁이

임했다.

여호와의 영광이 성읍 가운데에서부터 올라가 성읍 동쪽 산에 머무르고 주의 영이 나를 들어 하나님의 영의 환상 중에 데리고 갈대아에 있는 사로잡힌 자 중에 이르시더니 내가 본 환상이 나를 떠나 올라간지라(겔 11:23-24).

하나님의 영이 예루살렘에서 갈대아 땅 즉 바벨론으로 임했다는 것이다. 이제 바벨론에 포로로 잡혀 있는 자들은 큰 명분을 얻게 되었다. 하나님의 영이 그들과 함께 계신다고 하지 않는가!

이것을 감지한 예레미야도 포로 된 자들을 위로한다. 예루살렘으로 돌아갈 것만 기다리지 말고 포로 된 그 땅에서 뿌리를 내리라는 것이다. 하나님이 허락하실 때까지 바벨론에 마음을 두라는 것이다. 예레미야는 바벨론 땅은 저주의 땅이 아니라 품고 살아야 될 땅이라고 말한다.

너희는 집을 짓고 거기서 살며 텃밭을 만들고 그 열매를 먹으라. 아내를 맞이하여 자녀를 낳으며 너희 아들이 아내를 맞이하며 너희 딸이 남편을 맞아 그들로 자녀를 낳게 하여 너희가 거기에서 번성하고 줄어들지 아니하게 하라. 너희는 내가 사로잡혀 가게 한 그 성읍의 평안을 구하고 그를 위하여 여호와께

기도하라. 이는 그 성읍이 평안함으로 너희도 평안할 것임이라 (렘 29:5-7).

자연스럽게 '바벨론으로 끌려간 이스라엘 백성'은 '유대에 남겨진 이스라엘 백성'과 자신들을 비교한다. 전자들은 후자들이 하나님의 바뀐 계획을 알지 못하고 그 계획에서 제외되었다고 생각했다. 마침내 전자들은 자신들을 '새 예루살렘'이라고 여기고, 후자들은 하나님의 심판을 받아서 그 땅에 남겨졌고 실패자가 된 것이라고 여기기 시작했다.[7] 앞서 언급한 예레미야의 예언은 그들에게 그런 메시지로 받아들여지기에 충분했다. 바벨론으로 이주한 사람들은 같은 동족임에도 불구하고 유대의 남겨진 사람들을 향한 모방폭력적 비난과 모방회오리 패턴에 갇히게 된 것이다. 그래서 서로를 비난하는 희생양 메커니즘에 빠지게 되었다.

남겨진 자들에게 나타난 모방폭력

'유대에 남겨진 이스라엘 백성' 역시 비슷한 메커니즘에 갇히게 되었다. 그들은 바벨론으로 잡혀간 자들은 더 이상 다윗의 약속(삼하 7장)에 포함되지 못한다고 단언한다. 아브라함 때부터 약속의 땅인 팔레스타인에 머문 자신들만이 오직 하나님의 자손이며 하나님의 약속은 변함없다는 확신 속에 살아간다. 비록 바벨론으로 끌려간 여러 전문가들과 기술자들

177

에 비하면 그들은 가난하고 쓸모없는 '루저들'이었지만, 남겨진 자들은 확실히 믿고 있었다. 자신들만이 하나님의 선민이고 하나님의 약속을 받은 자들이며, 아무리 유능해도 이곳을 떠난 포로들은 하나님의 심판을 받은 자들이라고 믿었다. 이런 모방짝패와 회오리는 민족 전체를 휘감아 자신들의 상황만을 합리화하게 만든다. 바벨론 포로가 된 사람들을 질투하고 비판하고 희생양 삼아 그 문제를 회피하게 한다. 모방폭력은 두 그룹을 지속적으로 경쟁과 긴장 관계로 몰아가고 적대시하게 만든다.

이렇게 나눠진 두 그룹의 모방폭력의 극대화는 고레스 왕의 포로 귀환 이후에 극명하게 드러난다.[8] 느헤미야서는 포로기 후에 고국으로 돌아온 자들과 그 땅을 지켜 왔던 원주민들 간의 모방폭력을 부분적으로 기술하고 있다. 특별히 5장을 보면, 유다 지도층으로 귀환한 사람들이 시작한 예루살렘 성벽 재건 등의 사업으로 인해, 당시 가난한 원주민 유대인들이 경제적 어려움에 처했음을 말하고 있다.

심지어 자기 밭과 집을 저당 잡혀서 자녀들 먹일 식량을 마련해야 했고, 밭과 포도원을 판 돈으로 세금을 내는 상황에 처했다(느 5:1-5). 원주민 유대인의 입장에서 보면 바벨론에서 돌아온 사람들이 탐탁지 않았을 듯하다. 그들은 당대 최고의 선진국이었던 바벨론에서 바벨론어(지금의 영어)도 배우고 그 자녀들은 세계적 대학(지금의 아이비 리그)에서 공부도 시켰을 것이었다. 그렇게 살다가 그들은 자국의 지도자로 돌아온 것이다. 마치 못난 나무가 산을 지키듯 고국을 떠나지 않고 쭉 살아온 유대인들의 눈에는, 그저 때가 되어 돌아온 출세한 자들로밖에 보이지 않았을 것이다.

느헤미야의 전혀 다른 삶의 방식

지라르 이론에서 이런 모방폭력은 무고한 희생자의 자기 희생과 헌신으로 해소될 수 있다고 기술하고 있다. 남이 강요한 희생, 다른 사람에 의한 손해가 아니라 자발적 손해가 이 거대한 모방폭력을 끊을 수 있는 유일한 조건이라고 주장한다. 그렇다면 유대 백성의 이 거대한 모방폭력, 즉 귀환한 리더십 그룹과 가난한 원주민 그룹 간의 골 깊은 모방폭력은 어떻게 해결할 수 있을까? 그것은 더 많이 가진, 더 많이 배운, 더 높은 지위에 있는 귀환한 리더십 대표 느헤미야의 자기 손해를 통해서 가능해질 수 있다. 이것을 간파한 느헤미야는 이 두 그룹 간의 모방폭력의 긴장을 해소하고자 했다. 바벨론에서의 높은 지위를 버리고 자기 민족의 슬픈 상황에 직면하기로 결정한 리더 느헤미야는, 자신을 버리고 이 모방폭력의 회오리 한복판에 선다. 그래서 느헤미야는 자신이 어떻게 백성들의 부채를 탕감하여 경제적 부담을 완화시켰는지 얘기하고, 자기 자신도 한동안 총독의 녹을 받지 않고 근검한 생활을 해 왔다고 호소하고 있다.

나는 아닥사스다 왕 이십 년에 유다 땅 총독으로 임명을 받아서, 아닥사스다 왕 삼십이 년까지 십이 년 동안 총독으로 있었지만, 나와 나의 친척들은 내가 총독으로서 받아야 할 녹의 혜택을 받지 않았다. … 나는 성벽 쌓는 일에만 힘을 기울였다. 내 아랫사람들도 뜻을 모아서, 성벽 쌓는 일에만 마음을 썼다. 그렇다고 우리가 밭뙈기를 모은 것도 아니다. … 그런데 내가 총독으로서 마땅히 받아야 할 녹까지 요구하였다면 백성에게 얼마나 큰 짐이 되었겠는가. "나의 하나님, 내가 이 백성을 위하여 하는 모든 일을 기억하시고, 은혜를 베풀어 주십시오"(느 5:14-19, 새번역).

느헤미야는 알았다. 사탄이 어떻게 공동체를 와해시키는지 말이다. 사탄은 모방욕망을 자극해서 모방경쟁, 질투, 폭력, 짝패를 일으키고 희생양 메커니즘으로 그 조직과 사회를 붕괴시킨다. 느헤미야는 이제 두 공동체를 화해시키려 한다. 그것은 가진 자의 철저한 자기희생을 통한 회복이다. 느헤미야는 바벨론으로 잡혀갔던 이스라엘 사람들 대표로서, 팔레스타인 약속의 땅을 수십 년간 지켜 온 원주민 유대인들에게 겸손히 다가간다. 비록 유대 지도자의 위치였지만, 그는 힘을 휘두르지 않고 자기 녹을 포기하면서 밑바닥 정서를 품기 위해 접근하고 있다. 이런 '자기희생과 포기'라는 제3의 길로 가는 사람들이 있을 때에만 차오르고 끓어오르던 모방폭력이 잠잠해진다.

소그룹 나눔을 위한 질문

1. 바벨론 포로기의 이스라엘 상황은 어떠했는가? 고향에 남겨진 자들은 어떤 괴로움이 있었는가? 바벨론으로 끌려간 자들에게는 어떤 어려움이 있었는가? 그러나 후에 그들은 자신을 어떻게 합리화했는가? 그리고 서로를 향하여 어떤 모방폭력을 행사했는가?

2. 느헤미야는 이 상황에서 포로로 잡혀 있다가 귀환한 자로서 어떤 화해의 메시지를 전했는가? 어떻게 이스라엘은 두 집단으로 나눠지지 않고 하나의 이스라엘로 회복되었는가? 남북의 대치와 분단 상황에 놓인 우리나라가 모방폭력에 빠지지 않고 화해할 수 있는 길은 무엇인가?

9장

예수님이 십자가에서 보이신
제3의 길[1]

마지막 장은 조금 학문적으로 접근하고자 한다. 앞서 설명했
지만 모방욕망과 모방폭력의 이론은 프랑스 비평가이자 인문
학자인 르네 지라르의 것이다. 지라르의 이 이론은 경제학, 정
치학, 문학, 심리학에 널리 인용되고 있는데, 특히 신학에 많
은 영향을 끼쳤다. 폭력과 종교의 상호 관계 속에서의 모방 역
학을 탐구하고 비평하며 발전시키려는 학자들에게 좋은 토대
를 만들어 주었다. 이런 면에서 신학자들은 지라르에게 빚진
바가 크다.

　　모방욕망 이론과 모방폭력에 대한 신학자들의 연구는 학
문적으로 아주 중요한 결과를 가져왔다.[2] 지라르의 모방욕망

이론은 지라르의 후학 연구가들인 지라리안들Girardian에 의해 발전되고 더 정밀하게 만들어졌다. 지라리안은 구원의 교리에 관한 속죄 신학과 구원론 연구에 있어서 지라르의 통찰에 큰 빚을 지고 있는 동시에 지라르의 연구를 뛰어넘는 성과도 보여 주고 있다.

먼저 지라리안은 속죄 신학의 대표 주자인 캔터베리 안셀름Anselm of Canterbury의 만족설Theory of Satisfaction의 한계를 비평하고 만족설을 극복하려 한다. 여기서는 하나님의 폭력성과 안셀름에 기반한 전통 속죄론을 다 다룰 수 없다. 다만, 안셀름으로 대표되는 속죄론이 어떻게 하나님의 폭력과 연관되어 논리를 펼쳐 나가는지, 그리고 그런 설명이 어떻게 십자가 구원을 설명할 때 딜레마에 부딪혔는지, 그 한계를 지적할 것이다.

안셀름의 만족설이 아쉬운 것은, 이 교리가 예수님의 죽음을 하나님의 분anger을 달래기propitiation 위한 희생양적 죽음으로 묘사하기 때문이다. 그러나 예수님의 죽음은 희생양적 죽음이 아니라 인간 사회의 폭력 메커니즘을 끊는 죽음이었다. 다시 말해 무고한 예수님의 희생적 죽음은 결코 하나님의 분을 달래기 위한 희생양의 죽음이 아니라, 하나님의 뜻을 이루고자 하는 자발적인 죽음이다. 예수님은 이 죽음으로 말미암아 인간의 근본적 동력인 폭력을 끊어 내셨고 세상에 비폭력적 승리의 모습, 제3의 길[3]을 보여 주셨다.

안셀름의 속죄론과 한계

먼저, 안셀름의 속죄론은 무엇인가? 속죄론은 기독교 신학의 중심 주제다. 속죄론과 구원론의 해석은 하나님의 신성 the divine nature을 분명하게 드러낸다.[4] 스웨덴 교회의 주교이자 루터교 신학자인 구스타프 아울렌Gustaf Aulén이 지적했듯이, 속죄론은 조직신학과 개신교 영성학의 영역에서도 아주 중요한 주제다. '속죄'라는 주제는 하나님의 본성과 의로움의 개념, 기독교의 의미, 우리의 현재 경험과 하나님 나라 안에서의 인간의 운명과 직접 연결되었기 때문이다.

안셀름은 속죄론에 대해 언급한 최초의 인물이며, 그의 만족설은 이 분야에 지대한 공헌을 했다. 아울렌은 속죄론의 이런 용의주도한 교리의 진정한 시작이 안셀름의 저작에서 발견된다고 하면서, 안셀름이 기독교 교리의 역사에서 위대한 위치를 점하고 있다고 치켜세웠다.[5] 이바나 노블Ivana Noble 은 안셀름의 대표작《왜 신은 인간이 되었는가? Cur Deus Homo?》를 조직신학에서 구속론을 발전시킨 최초의 작품으로 평가했다.[6]

그렇다면 안셀름의 만족설은 무엇인가? 인간을 만드신 하나님의 목적은 하나님의 무한한 사랑과 긍휼에 있다. 그러나 하나님의 계획이 인간에 의해 엉망이 된 이후, 하나님은 이 모든 것을 제자리로 돌려놓으셔야 했다. 구원의 이야기에서 조절 변수는 죄이고, 이것에 대해 그리스도는 딱 필요한 만큼

의 일을 하셔야만 했다.[7]

안셀름의 만족설은 죄의 정의定義에 기초하고 있다. 그는 인간의 의지를 하나님의 의지에 복종시키지 못한 것을 죄라고 본다.[8] 이 죄 때문에 인간은 하나님의 영광에 들어갈 수 없게 되었고 모든 축복을 박탈당하게 되었다. 하나님의 계획이 인간의 불순종으로 인해 파괴되었기 때문에, 반드시 인간 편에서 해결책을 내놓아야 한다. 그러나 피조물인 인간은 이 파괴된 세계를 다시 살릴 만한 창조주 같은 능력이 없다. 테드 피터스Ted Peters는 이 부분을 이렇게 설명한다.

> 오직 (창조주인) 하나님만이 다시 되돌릴 수 있다. (피조물인) 인간이 망쳤기에 인간 편에서 해결해야만 하고, 인간이 해결해야만 하지만 인간이 할 수 없으니 신(창조주)이 개입해야만 한다. 이것은 신과 인간의 연합을 통해서만 가능하다. 그래서 안셀름의 결론은, 성육신(신이면서 인간인 어떤 존재가 되는 것, 그래서 이에 대한 책임을 지는 것)만이 유일한 해결책이다. 이제 우리는 알게 되었다. 왜 하나님이 인간이 되셨는지 말이다.[9]

인간이 준비한 어떤 배상도 하나님의 분을 삭일 수 없다. 그분을 달랠 수 있는 어떤 방법도 없다. 오직 신이면서 인간이신 그리스도, 무한한 만족을 주신 그리스도로 인한 구원밖에 답이 없다. 그래서 모든 인류는 구원받았고 신적 명예와 공의는 훼손되지 않았다.[10] 오직 십자가 위에서 당한 예수 그리스도의 비참한 수난과 죽음만이 하나님의 망가진 계획을 복구할 수 있었고, 하나님의 진노를 달래고 만족시킬 수 있었다.

왜 안셀름은 만족설을 발전시켰는가? 마이클 컬완이 주장하길, 안셀름은 인간 구원의 주도권이 사탄에게 넘어갔다는 문제 의식에서 시작했다.[11] 그래서 안셀름은 인간의 주도권이 이제는 사탄이 아니라 하나님께 있음을 변증한다. 안셀름의 공헌은 인간 구원의 문제에서 사탄이 설 자리를 뺏었다는 데 있다. 이제 더 이상 사탄에게 갚아야 할 빚이나 의무는 없게 되었다.[12] 안셀름의 이론은 분명 이런 점에서는 박수 받아 마땅하다. 그는 구원의 주도권을 사탄에게서 하나님에게로 이동시켰다.

안셀름의 이런 공헌에도 불구하고 우리는 안셀름의 만족설이 불편하다. 그것은 안셀름의 만족설이 예수님의 죽음의 의미를 왜곡시켰다는 의심을 받기 때문이다. 왜 안셀름은 그리스도의 죽음에 대한 승리보다 신의 정의나 희생양에 더 천착했는가? 마크 하임Mark Heim은 "십자가에 대한 몇몇 신학자들은 죽음을 극복한 하나님의 행위보다는 예수님의 십자가 죽음의 메커니즘에 너무 집중한다"고 꼬집는다.[13] 그는 안셀름의 이론이 너무 하나님의 정의에만 집중했기에 죽음을 이기고 승리하신 그리스도를 놓쳤다고 주장한다.

더 중요한 것은, 안셀름은 하나님을 희생 제사를 요구하는 신으로 묘사했고,[14] 예수님을 하나님의 만족을 위해 십자가에서 아주 수동적으로 그리고 처참히 죽어 간 존재로 묘사했다는 것이다. 비록 안셀름이 《왜 신은 인간이 되었는가?》 제9장에서 예수님의 죽음을 자발적인 것으로 그렸지만, 안셀름은 예수님의 목소리는 드러내지 않았다. 그는 예수님의 소리를 음소거mute 시켰다. "예수님은 하나님 아버지께 순종을 빚졌고, 인간은 하나님의 신성에 순종을 빚졌기에, 하나님은 그에게 순종을 요구하셨다."[15] 안셀름은 이 정도로만 예수님의 능동성을 표현했다. 안셀름은 예수님의 순종은 언급했지만 자발적이고 의지적인 참여자로 그리지는 않았다.

안셀름과 지라리안의 대화

둘째, 그렇다면 이러한 안셀름의 주장에 대한 르네 지라르와 그의 후학들인 지라리안의 입장은 무엇인가? 지라리안은 안셀름에 기초한 전통적 속죄 신학 즉 예수의 죽음의 원인을 하나님께 돌리는 것을 매우 불편해한다. 지라르는 누가복음 11장 50-51절 ("창세 이후로 흘린 모든 선지자의 피를 이 세대가 담당하되 곧 아벨의 피로부터 제단과 성전 사이에서 죽임을 당한 사가랴의 피까지 하리라")을 언급하면서 모든 인간의 문화가 모방 폭력에 기반한 것임을 강조한다. 사탄이 이것을 조장한다는 것이 지라르와 지라리안의 설명이다. "사회 전체로 하여금 그 희생양에게 죄가 있다고 믿도록 설득하는 모방이 바로 사탄이다."[16]

이런 모방폭력 하에서, 사회에는 희생양 제의가 만연하고 기득권자들의 비호와 자기 신화만 가득함을 고발하고 있다. "(이런 모방폭력은) 기원에 있어서 가인의 문화만이 아니라 인간의 모든 문화가 결국 사악한 것, 다시 말해 폭력을 유발하며 시초의 살해를 만장일치로 그릇 해석한 덕에 축출된 나쁜 전염이다."[17] 이런 관점에서 지라르는, 십자가를 하나님의 진노를 달래기 위한 인간의 희생으로 설명하는 안셀름의 이론이 기독교 주류의 속죄론 또한 희생적 독해법으로 자리 잡고 있는 것에 대해 불편해한다.[18] 안셀름의 관점에서 보면, 하나님은 인간의 희생양 제사의 모습을 그대로 예수님에게 적용한 듯 보인다.[19] 부르스마 역시 안셀름의 이론은 하나님의 폭력성을 드러내는 모델이라고 주장한다. "이 모델에서 하나님은 세상 죄를 해결하고자 그의 아들을 이 땅에서 처벌하고 있다."[20] 슈바거도 질문한다. "하나님이 그의 독생자를 죽였다고?"[21] 분명 아니다. 하나님이 죽이신 것이 아니다.

슈바거는 폭력적인 행동은 결코 하나님으로부터 기인한 것이 아니라고 설명한다. 오히려 예수님을 철저하게 배제하고자 한 인간의 행동(모방폭력)에서 기인한 것이라고 주장한다.[22] 기득권자들이 그들 공동체의 평화를 세우기 위해 희생양으로써 예수님을 죽인 것이다. 지라르에게 있어서 예수의 일생과 죽음에 대한 복음서 기술은 모방 전염과 집단적 살해

신화의 폭력을 드러내고 또 그것을 폭로하는 자료이다.[23] 그러나 안셀름은 예수님 죽음의 분명한 살인 원인을 드러내지 않고 있다. 그 원인이 무엇인가?

마크 하임은 예수를 죽인 것은 하나님의 정의도 아니고 하나님의 폭력도 아니고, 그것은 바로 인간의 집단적 모방폭력임을 말하고 있다. 하나님은 인간의 폭력과 희생자들 사이에 들어오셔서 그 모방폭력의 숨겨진 가해자를 분명히 드러내신다.[24] 여기서 필자가 안셀름의 만족설에 근거해서 논하고자 하는 바는, 안셀름의 이론이 예수 죽음의 진정한 의미를 왜곡시키고 있다는 것이다. 예수 죽음의 원인은 인간의 모방폭력이다. 이것은 희생양 기제에서 발생했으며 인간들에 의해 철저히 숨겨졌다는 것이다.

지라리안은 예수의 자발적 죽음이 인간의 모방폭력으로 인한 희생양 기제를 폭로하고 뒤엎는 것이라고 이해했고, 하나님의 진노를 달래기 위함이 아니라 모방폭력의 사이클을 끊어 놓는 것이라고 이해했다. 지라르의 모방이론에 기초해서 볼 때, 안셀름의 만족설은 폭력의 진짜 원인을 숨기려는 신화적 접근에 기반하고 있는 것이다. 이러한 안셀름의 접근은 십자가상에서 예수 죽음의 의미를 크게 손상시킬 뿐 아니라 그 의미를 왜곡시키고 있다.

슈바거 역시 주장하길, 하나님은 친아들을 죽이기 위해 십자가 위에서의 어떤 희생양적 죽음을 주관하지 않으셨을 뿐 아니라, 예수님의 부활은 이제 이런 희생양적 죽음이 더 이상 없음을 천명하는 것이라고 말하고 있다.[25] 예수님의 죽으심과 부활에 대해 윙크는 빌립보서 말씀(빌 2:5-6)을 이렇게 풀어내고 있다. "그리스도 예수는 비록 하나님의 형태로 계셨지만, 굳이 폭력을 사용하여 하나님과 동등한 존재가 되려 하지 않으시고, 오히려 자신에게서 모방하려는 마음the mimetic spirit을 비웠습니다."[26]

안셀름의 논리에서는 예수님의 자발적 목소리를 발견할 수 없다. 안셀름에 의하면, 예수님의 의지는 가부장적이고 봉건적인 하나님의 이미지 밑에 감추어져 있다. 제임스 앨리슨James Alison은, 예수님은 안셀름의 주장처럼 비자발적으로 죽으신 것이 아니라, 모든 것을 아셨음에도 자발적으로 죽으셨다고 말하고 있다. 그래서 앨리슨은 예수님을 '모든 것을 아시고 죽으신 희생자Intelligent victim'라고 부른다.[27]

> 예수님은 아직 그의 시간이 오지 않았기에 여러 번 있었던 그
> 를 향한 린치(모방적 폭력과 희생양적 죽음)를 아주 세련되게 피
> 하셨다. '이를 내게서 빼앗는 자가 있는 것이 아니라 내가 스스
> 로 버리노라' (요 10:18).[28]

예수님은 하나님의 분노를 달래기 위해 십자가를 지고 갈보리 산에 오르신 것이 아니다. 예수님은 자발적으로 인간

의 모방폭력과 희생양 기제를 끊어 내고 하나님의 영광에 동참하기 위해 갈보리 언덕에 오르신 것이다.[29] 이런 생각은 하나님의 정의나 진노를 만족시키기 위해 하나님의 아들을 희생 제물로 내세웠다고 생각하는 안셀름 전통과는 정반대의 입장이다.

누가복음 22-24장

이제 누가복음 22-24장의 이야기, 특히 누가복음 24장 13-35절을 집중해서 보자. 이것은 예수님의 수난과 죽음 그리고 부활에 대한 이야기이다. 그리고 성경을 이렇게 읽는 것이 독자들에게 어떤 변화를 가져올 수 있는지 논하고자 한다. 이 관점은 첫째, 왜 예수님은 모든 것을 다 아시면서 자발적으로 희생양 기제를 끊기 위해 죽음을 택하셨는지 설명해 준다. 둘째, 엠마오로 가던 제자들은 예수님의 이야기를 듣고 어떻게 예수님의 죽음을 재이해하고 변화되었는지 설명해 준다.

누가복음의 수난 내러티브는 당시 사람들이 어떻게 예수님을 모방폭력의 희생양으로 대했는지 설명하고 있다. 모방 짝패와 만장일치의 폭력이 사회를 뒤덮고 있을 때는, 원수지간인 사람들조차 희생양을 제거하기 위해 연합한다. 이것이 당시 예루살렘을 덮고 있던 모방짝패 메커니즘이다. 누가복음 내러티브는 당시 헤롯과 빌라도가 서로 앙숙이었음에도, 예수님을 희생양으로 만들고 죽이는 일에 서로 친구가 되었다고 기술하고 있다.

혜롯과 빌라도가 전에는 원수였으나 당일에 서로 친구가 되니
라(눅 23:12).

이것은 지라르가 언급한 대로, 사람들이 자신과 자신의
공동체에 위기가 닥쳤을 때는 원수 간일지라도 서로 친구가
되는 것을 설명한다. 마크 하임 역시, "하나님과 사람을 위해
평화를 다시 복구하는 유일한 방법은 무고한 희생자를 죽이
는 데 모두가 한마음이 되는 것이다. 하나님, 유다, 혜롯, 빌라
도, 가야바, 베드로 모두 이 무명의 군중 속에 들어 있었다. 안
셀름은 이 가해자 리스트에 하나님을 집어넣은 것이다"[30]라
고 피력한다.

이런 만장일치의 폭력 속에서, 심지어 안셀름은 하나님
을 가해자로 지목하는 상황 속에서, 우리는 예수님을 어떻게
이해할 수 있을까? 누가복음은 안셀름의 주장처럼 예수님의
죽음을 신화적 죽음으로 마무리했을까? 아니다. 예수님은 모
방폭력의 가해자들에 의해 무참히 린치를 당한 한 속절없는
수동적 희생자가 아니라, 모든 것을 다 아셨지만 일부러 죽음
의 십자가를 지신 분Intelligent victim이셨다. 노블 역시 "하나님
은 승리를 주신 분이지 희생의 가해자가 아니다. 그리스도는
온 세상의 폭력을 뒤집어엎으신 승리자이지 궁극적인 희생자

192

가 아니다"라고 주장한다.[31] 컬완도 "예수님은 인간의 모방폭력을 고발하고 파괴하고자 자발적으로 십자가에 달리신 것이지, 무참히 희생양으로 린치를 당하신 것은 절대 아니다"[32]라고 설명한다. 이렇듯 지라리안들은 신화적 접근을 하는 안셀름의 이론을 비판하고 있다. 당시 모방폭력에 빠진 제자들은 예수님의 이런 희생양적 죽음 이해(안셀름의 이해)에서 자유로울 수 없었을 것이다.

자발적 희생자, 예수

누가복음에서 예수님의 수난에 대한 기사는 22장 2절에서 시작된다. 이때 대제사장들과 서기관들이 예수를 죽이려고 모의하고 있다.

> 대제사장들과 서기관들이 예수를 무슨 방도로 죽일까 궁리하니 이는 그들이 백성을 두려워함이더라(눅 22:2).

종교 지도자들에게 있어서 예수님은 상당히 껄끄러운 존재였다. 그들은 그들만의 조직을 평화롭게 유지하는 데 방해가 되는 예수님을 처리해야만 했다. 그래서 그들은 가룟 유다에게 돈을 주고 예수를 넘겨받기로 모의했다(눅 22:5). 여기서 종교 지도자들과 정치 지도자들이 모방폭력으로 예수님을 죽이는 일에 어떻게 마음을 모으는지 나타난다. 종교 지도자들의 규합을 보여 주는 구절은 "대제사장들과 서기관들이 서서 힘써 고발하더라"(눅 23:10)이고, 정치 지도자들의 규합을 보여 주는 구절은 "헤롯과 빌라도가 전에는 원수였으나 당일에 서로 친구가 되니라"(눅 23:12)이다.

이 논리는 지라르의 '모방욕망의 삼각형' 구조를 그대로 설명한 것이다. 누가복음 22-23장의 예수 수난 내러티브는 어떻게 두 라이벌이 서로 마음을 모아 모방폭력을 발현하는지, 또 그 폭력이 어떻게 모방짝패가 되어 예루살렘 전체를 휘감는지, 그리고 그 공동체의 동요를 잠재우기 위해 어떻게 희생양을 찾는지 여과 없이 보여 주고 있다.

지도자들은 이 모방폭력을 잠재울 희생양으로 예수님을 지명하고 예수님을 양가적 존재double transference, 즉 이중 투사로 처리한다. 다시 말해서 이 모방폭력을 유발했기에 죽어야만 하는 원인 제공자instigator이면서 희생양적 죽음으로 이 위기를 극복할 영웅the sacred으로 취급한다.[33] 헤롯이 그것을 인지했는지 안 했는지는 몰라도, 헤롯은 예수님을 희롱(저주 대상)하면서도 예수님께 빛난 옷(신성 대상)을 입힌다.

헤롯이 그 군인들과 함께 예수를 업신여기며 희롱하고 빛난 옷을 입혀 빌라도에게 도로 보내니(눅 23:11).

샌드라 슈나이더스는 예수님의 양가적 가치를 이렇게 설

명한다. "이런 희생양 메커니즘의 기능은 희생양의 불공정한 희생을 보여 주는 것인데, 그것은 희생양에게 모욕을 주거나 혹은 희생물이 죽은 후에 그 희생자를 칭송하는 것으로 나타난다. 전자는 그(녀)가 그 공동체를 위험에 빠트렸기에 죽을 만했다고 여겨지는 것이고, 후자는 그 공동체를 위해 그(녀)의 생명을 자발적으로 내어 주며 사람들을 이타적으로 살리는 것이다."[34] 예수님은 그의 공생애 기간 동안, 역사 속에서 종교 지도자들이 자기들의 기득권에 도전했던 선지자들을 모방폭력으로 어떻게 죽여 나갔는지를 드러내셨다.

> 화 있을진저 너희는 선지자들의 무덤을 만드는도다. 그들을 죽인 자도 너희 조상들이로다. 이와 같이 그들은 죽이고 너희는 무덤을 만드니 너희가 너희 조상의 행한 일에 증인이 되어 옳게 여기는도다(눅 11:47-48).

예수님은, 종교 지도자들이 모방폭력을 사용해서 어떻게 선지자들을 죽이고 희생양 삼았는지를 계속 드러내는 삶을 사셨던 것이다. 이 '선지자'라는 단어가 중요하다. 예수님에 대한 제자들의 이해가 그러했다. 엠마오로 가던 제자들은 예수님의 죽음을 그저 기득권들자에 의한 죽음, 조상 때부터와 같은 방식의 죽음, 선지자처럼 모방폭력에 의한 죽음, 그런 죽음이었다고 이해했다.

… 그는 하나님과 모든 백성 앞에서 말과 일에 능하신 선지자이거늘(눅 24:19).

제자들은 예수님을 역사 속에서 희생양으로서 린치를 당하고 죽어 간 선지자 중의 한 사람처럼 이해했다. 앞에서도 언급했지만, 누가복음 11장 50-51절 "창세 이후로 흘린 모든 선지자의 피를 이 세대가 담당하되 곧 아벨의 피로부터 제단과 성전 사이에서 죽임을 당한 사가랴의 피까지 하리라"에서도 선지자들이 어떻게 모방폭력과 만장일치의 린치 때문에 죽어 갔는지 설명하고 있다.

성경에서 '선지자'라는 단어가 주는 의미가 그러했기에, 제자들이 이 단어를 썼다는 것은 그들이 예수님의 죽음에 대해 어떻게 이해했는지 알 수 있는 힌트가 된다.

그러나 예수님은 희생양으로 고난받으셨다가 희생양으로 죽으신 것이 아니다. 마크 하임은 오히려 예수님이 공생애의 삶을 통해 당시에 만연했었던 희생양 기제를 드러내셨다고 설명한다. "예수님의 이런 희생적 삶은 또 다른 희생양으로 소리 없이 죽기 위함이 아니라 세상에 만연한 모방폭력을 뒤엎기 위함이었다."[35] 이 메커니즘은 오직 순전한 희생자로써만 끊어질 수 있기에, 예수님은 순전한 희생자innocent victim면서 모든 것을 다 아시는 희생자Intelligent victim로 사신 것이다. 누가복음은 예수님이 순전한 희생양이었음을 여러 성경 구절에서 증거하고 있다.

> 빌라도가 대제사장들과 무리에게 이르되 내가 보니 이 사람에게 죄가 없도다 하니(눅 23:4).

> 백부장이 … 이르되 이 사람은 정녕 의인이었도다 하고(눅 23:47).

> 이를 구경하러 모인 무리도 그 된 일을 보고 다 가슴을 치며 돌아가고(눅 23:48).

하나님은 당신의 아들 예수님을 모방폭력으로 죽이지 않으셨다. 예수님은 사람들의 모방폭력과 희생양 기제를 끊어내기 위해 '순전한 희생자innocent victim'로, 그 죽음의 의미를 다 아시면서도 '자발적 희생자intelligent victim'로 십자가를 지신 것이다. 예수님에게 가해진 폭력은 하나님으로부터 기인한 것이 아니다. 이것은 철저히 인간들이 만들어 낸 것이다.

소그룹 나눔을 위한 질문

1. 안셀름의 '만족설'은 무엇인가? 그것이 기독교 교리에 기여한 점과 한계는 무엇인가? 특히 안셀름의 만족설이 예수님의 십자가의 의미를 약화시키는 까닭은 무엇인가? 나의 십자가의 이해는 어떠했는가? 만족설처럼 생각하고 있었다면, 어떻게 수정하는 것이 하나님의 모방폭력설에 빠지지 않고 십자가를 이해하는 것일까?

2. 예수님의 '자발적 희생자Intelligent victim 이해'와 안셀름의 '만족설 이해'는 어떤 차이가 있을까? 그것이 나의 십자가의 이해에 어떤 영향을 주었는가? 안셀름의 '만족설'이 아닌 (지라리안의 개념인) '자발적 희생자'의 개념으로 볼 때, 삶에 어떤 변화를 가져올 수 있을까?

3부 변화시키는 이야기의 힘

10장

나단의 내러티브

사무엘하 12장[1]

우리는 1부와 2부에서 지라르가 주장한 모방욕망과 그 역기능적 모순이 롯, 야곱, 다윗, 요압 등에게 어떻게 작용했는지에 대해 살펴보았다. 나 스스로 멈춰서 내가 정말 무엇을 갈망하는지 알아차리지 않으면, 남의 것을 그저 모방하며 살아가게 된다. 그 욕망을 갖게 한 대상이나 집단과 긴장 관계가 되면서 역기능적 모순 속에서 살아간 이들을 우리는 성경에서 찾은 것이다. 지금까지의 내용을 통해 우리 안에 똬리 틀고 있는 모방욕망과 짝패적 폭력성 그리고 희생양 메커니즘을 알게 되었다. 막연히 인지하고 있던 것을 인문학적 시각으로 해석할 수 있도록 해 준 지라르의 이론에 감탄할 따름이다.

그런데 지라르는 이런 문제만 들추어 놓고, 모방욕망

과 경쟁 그리고 주술적 폭력에서 어떻게 빠져나올 수 있는지에 대해서는 크게 고민하지 않은 듯하다. 물론 지라르가 문제에 대한 대안을 제시하긴 했다. 그는 희생양 메커니즘을 끊을 수 있는 방법, 또는 끊지는 못하더라도 그 악순환에 저항하는 방법은 '무고한 자innocent victim의 희생'이라고 주장한다. 그래서 지라르는 '제2이사야, 세례 요한, 예수님'과 같은 무고한 희생자가 당시에 횡행하던 '린치 시스템'을 멈춰 세울 수 있는 역할을 했다고 설명한다.[2] 이런 지라르의 고전적인 이론은, 희생양 메커니즘의 악순환을 끊기 위해서는 무고한 희생자 즉 '제2이사야, 세례 요한, 예수님[3]'이 피 흘리는 순간까지 고통당해야 한다는 말이다.[4]

그러나 지라르는 이 부분에 대해서는 좀 치밀하지 못한 것 같다. "그럼 이 메커니즘의 고리를 끊기 위해서는 무고한 희생자가 늘 피 흘리며 죽어야 하는가? 2022년, 러시아의 미사일 공격으로 인해 우크라이나 민간인들이 그저 '순전한 희생자'로 죽어 가야만 했던 것처럼?" 이런 질문들이 계속 올라오기 때문이다.

지라르의 전통적 해석과는 달리, 피 흘림 없이도 희생양 메커니즘을 끊을 수 있는 길을 성경에서 찾을 수 있다. 물론 이러한 주장이 현실의 복잡한 모방폭력의 굴곡들을 즉시 처리할 수는 없지만, 지라르의 전통적 방법은 '순전한 희생양'을 운운하며 그들의 죽음을 방조하는 듯하다.

이런 문제 제기를 하는 첫 번째 이유는, 지라르의 이론을 보완하고자 함이다. 그리고 이보다 더 중요한 이유는, 성경 자체가 '피 흘림 없는 모방폭력의 근절'을 보여 주었기 때문이다. 성경은 수많은 모방욕망의 격돌 속에서도 피 흘림 없이 이런 모방폭력을 끊어 낼 수 있는 방법을 제시하고 있다. 그것은 '이야기의 힘'이다. 내러티브가 갖는 힘이다. 3부에서는 두 본문으로 이 부분을 설명할 것이다.

첫 번째는 바로 나단의 내러티브다. 7장에서 설명했지만, 다윗의 위기가 절정에 달했을 때는 다윗이 하나님과 하나님의 말씀, 그리고 다른 사람들을 경멸하는 태도를 가지고 있을 때였다. 이때 하나님은 다윗으로부터 시작된 모방폭력의 순환을 멈추기 위해 나단을 보내신다. 나단의 역할은 무엇인가? 사무엘하 11-12장 내러티브에 등장한 나단은, 그저 소박한 이야기꾼 역할을 한 자가 아니라 오만한 왕 다윗의 모방폭력을 피 흘림 없이 끊어 내는 중요한 역할을 한 자이다. 한 선지자가 모방폭력의 회오리 한가운데 있는 왕 앞에 선다는 것은 목숨을 건 행동이다. 왜냐하면 당시 왕은 누구든 죽일 수 있는 강력한 권력을 갖고 있었기 때문이다. 그러나 나단은 예언자로서 다윗과 맞서고 있다.

순전한 희생자처럼 죽음을 담보한 나단의 행동으로 인해 결국 다윗은 자신의 잘못을 인정하게 된다. 그리고 나단의 내러티브(이야기, 비유)를 들은 후에도, 나단을 희생양으로 고통

받게 하지 않는다. 나단의 내러티브는 다윗으로 하여금 지금 어디에 서 있는지 보게 한다. "바로 당신이 그 사람이라"(삼하 12:7)는 내러티브로, 다윗이 전혀 예상하지 않았던 자신의 모습을 보게 한 것이다. 다윗이 그 내러티브를 받아들이는 순간, 그 내러티브가 다윗을 해석한다. 마침내 피 흘림 없이, 내러티브는 그가 얼마나 하나님을 경멸했고 하나님의 말씀을 만홀히 여겼으며 다른 사람의 가치를 무시했는지 깨닫게 했다. 사무엘하 12장의 내러티브는 다윗의 진짜 위기가 무엇인지 보게 했다. 누가 모든 것을 망친 부자였는지, 누가 어린 양을 딸처럼 바라보며 산 가난한 자였는지 깨닫게 하면서 어떻게 자신이 우리아의 가정을 파괴했는지 알아차리게 해 주었다. 다윗은 그 내러티브를 정확하게 이해한 순간, 더 이상 거만하게 행동하지 않고 모방폭력과 죽음의 메커니즘에서 빠져나와 회개에 이르게 된다. '성경에 밑줄을 긋지 말고 삶에 밑줄을 그으라'는 기형도 시인의 말이 이루어지는 순간을 다윗이 경험한 것이다. 비유의 형태로 전해진 나단의 내러티브가 다윗에게는 그렇게 다가온 것이다.

기독교 영성의 관심은 하나님 형상으로의 회복이요 변화이다.[5] 지라르의 모방욕망 이론으로 사무엘하 11-12장을 읽으면 독자의 삶에 변화가 일어날 것이다. 그 변화는 감정의 변화를 넘어선 삶의 변화이다. 내 욕망이 '내 것'인지 아니면 '남의 것'을 그저 모방하는 것인지 보게 한다.[6] 남의 것을 단순히 모방하는 욕망이라면 나는 왜 남의 것에 목말라 하는지, 내가 진짜 욕망하는 것은 무엇인지, 하나님께 물어야 할 것이다. 또한 지라르 이론으로 성경을 읽으면, 내가 모방욕망으로 희생양 메커니즘에 빠진 지점이 어디인지 보게 된다. '내가 지금 그 메커니즘으로 타인을 바라보고 있지는 않은가?' '존중하지 못하고, 나와 다름을 인정하지 않으며, 질투하고 짓밟으면서 미소만 짓고 있지는 않은가?' 자문하게 만든다. 다시 한번 말하지만, 나단의 내러티브는 피 흘림 없이 모방폭력의 메커니즘을 어떻게 끊는지 보여 준다. 특히 하나님의 말씀을 가진 그리스도인은 이 말씀을 통해 나의, 우리의, 사회의 희생양 만들기 시스템을 알아차려야 한다. 알아차렸다면 그것을 고발하고 있는지, 더 나아가 그 메커니즘에 저항하고 있는지, 물어보자. 내러티브의 힘을 가진 그리스도인들에게 이러한 접근은 큰 도전이 아닐 수 없다.

다윗은 우리아가 처참하게 희생양으로 죽어 갈 때도 회개하지 않았다. 그러나 그는 나단의 내러티브(비유)를 듣고 회개했다. 피 흘림 없이 희생양 메커니즘의 사이클을 깨뜨리는 것이 '내러티브(이야기, 하나님 말씀)의 힘'이다. 더 이상 피를 흘리지 않아도 이 어둠의 사슬은 끊어질 수 있다. 이 부분은 지라르가 간과한 부분이다. 각자의 모방폭력을 알아차릴 수 있도록 돕는 가장 강력한 형태는, 상황을 정확하게 파악해서 시의적절한 문학 방법으로 표현하는 내러티브이다. 이 내러티브는 단순한 이야기가 아니다. 단순한 말과 글을 넘어서는 것이다. 이 내러티브는 희생양 저주의 사슬에 빠진 한 인간과 공동체를 깨우고 살리는 '로고스', 즉 하나님 말씀(창 1:3; 요 1:1)이다.

소그룹 나눔을 위한 질문

1. 지라르의 모방욕망과 모방폭력 이론은 십자가의 의미와 지평을 넓고 깊게 만들어 주었다. 그럼에도 불구하고 이 모방욕망 이론이 가지고 있었던 한계는 무엇인가? 모방폭력이 (예수님처럼) 순전한 희생자의 피 흘림을 통해 끊어진다고 한다면, 모방폭력은 늘 그런 죽음과 희생을 값으로 치러야만 하는가? 피 흘리는 방법 말고 다른 대안은 없는가?

2. 다윗의 폭력을 멈춘 나단의 내러티브(삼하 12장)는 어떤 의미가 있는가? 이런 내러티브가 피 흘림을 막을 수 있는 대안이 될 수 있을까? 그렇다면 나의 삶 속에 만연한 모방폭력을 끊을 수 있는 힘도 '하나님의 내러티브(말씀)'가 될 수 있지 않을까? 말씀 묵상과 큐티 혹은 '렉시오 디비나'를 통해 내 삶의 변화를 경험하고 있는가?

11장

예수님의 내러티브[1]

누가복음 24장

이제 렌즈를 신약시대로 돌려 보자. 신약에도 이와 같이 피 흘림 없는 내러티브의 예가 있을까? 우리는 예수님의 이야기로 가득한 복음서에서 피 흘림 없이 모방욕망을 끊어 내는 예수님의 내러티브들을 찾을 수 있다. 그 중에서 누가복음 24장의 엠마오로 가는 제자들 이야기를 보고자 한다.

예수님의 이야기의 힘을 경험하기 전까지, 제자들은 부활을 기대하지 않았다. 그저 여느 사람들처럼, 예수님의 부활은 전혀 상상할 수 없는 영역으로 여겼다. 지라르 역시 "누구도 부활이 오기까지는 제자들 자신을 거의 완전히 압도해 버린 폭력적 전염의 반전을 예견할 수 없었다"[2]라고 설명한다. 엠마오로 가던 제자들 역시 당시 팽배했던 예수님의 죽음에 대한 이해를 받아들이고, 희생양 폭력에 의해 죽은 예수님을 잠시 따랐던 자들이었다.

한스 부르스마 역시 이 부분에서 희생양으로 죽어 갔다고 생각한 예수님의 부활은 제자들의 생각이 얼마나 모방폭력적이었는지 보게 된 사건이었다고 설명한다. "예수의 부활 이후에, 일찍이 그들의 선생을 버리고 배반했던 제자들은 십자가에서 희생양 메커니즘이 작동하는 것을 보게 되었으며 또한 그 과정에 그들 스스로가 연루되었음을 알게 되었다."[3] 예수님이 공생애 동안 그렇게 죽으심과 부활에 대해 말씀하시고 강조하셨음에도, 그들은 예수님이 정말로 그리스도시라는 것 그리고 그가 부활하셔서 부활 후에 자기들을 만나실 것이라고는 생각지도 못했다.

그러나 부활은 그들 앞에서 일어났다. 그렇다고 두 제자를 비난할 필요는 없다. 예수님이 그들을 꾸짖으신 것은 그들이 부활을 믿지 못해서가 아니었다. 예수님이 그들을 꾸짖으신 것은, 종교 지도자들과 정치 지도자들이 예수님의 죽음에 대해 이해한 것과 똑같이 제자들도 예수님의 죽음을 모방폭력에 의한 희생양적 죽음으로 이해(눅 24:19-20)[4]했기 때문이었다.

그러나 예수님의 내러티브를 경험한 후, 그들은 예수님이 그분의 영광에 들어가시기 위해 고난받고 죽으셔야만 했다는 것을 알아차렸다. 예수님이 '희생양으로서 수동적으로 죽으신 것'이 아니라 '자발적으로 그의 영광에 들어가려고 고난 받으신 것'이라는 설명("그리스도가 이런 고난을 받고 자기의 영광에 들어가야 할 것이 아니냐" 눅 24:26)을 들은 후에, 제자들은 예수님이 스스로 모든 것을 내어주신 것self-giving과 스스로 모든 것을 드러내신 것self-revealing임을 알게 되었다.

예수님의 이러한 말씀(내러티브)을 듣고 나자, 제자들은 예수님과 공생애를 함께 보내면서 들었던 것들과 의미들을 다시 천천히 숙고할 수 있었다.[5]

예수님의 수난, 죽음 그리고 부활의 의미를 통해 예수님은 어떻게 모방폭력이 이스라엘 사회에 만연했는지 보여 주셨다. 어떻게 희생양 기제가 대속적 희생을 숨겼고 사회에 필요했는지, 어떻게 예수님의 부활이 이 시스템을 드러냈는지, 어떻게 예수님의 영광에 들어감(부활)이 폭력의 뿌리를 뽑고 모방폭력적인 사탄의 권세 아래 왕 노릇하던 세상 지도자들을 고발했는지 등을 보여 주셨다. 두 제자가 예수님의 수난, 죽음, 부활의 의미를 깨달았을 때, 그들은 놀라고 기뻐서 그들이 들었던 이야기를 다른 제자들에게 전하지 않을 수 없었다 (눅 24:33-35).[6]

제자들이 예수님의 죽음을 희생양적 죽음으로 이해했기 때문에 예수님은 그들의 이해를 고쳐 주셔야만 했다.

그리스도가 이런 고난을 받고 자기의 영광에 들어가야 할 것이 아니냐 하시고 이에 모세와 모든 선지자의 글로 시작하여 모든 성경에 쓴 바 자기에 관한 것을 자세히 설명하시니라(눅 24:26-27).

이것은 예수님이 가지신 말의 권세(내러티브, 해석학)다. 예수님은 이 설명을 통해 이스라엘에 만연한 모방폭력과 그로 인한 짝패 문화를 드러내시고, 제자들이 미처 깨닫지 못했던 주변에 만연해 있는 희생양 기제를 폭로하신다. 그리고 오늘날의 우리는 이 해석을 우리들의 세계로 가져와 우리 주변을 돌아보게 된다. 미처 알아차리지 못했던 내 주변의 모방폭력과 희생양 메커니즘을 인식하는 것이다.

예수님이 엠마오로 가던 제자들에게 하신 역할은 그것이다. 내러티브를 통해 자기를 볼 수 있는 눈, 즉 자기의 진짜 상황을 해석할 수 있는 '해석의 눈'을 뜨게 해 주신 것이다. 누가복음 내러티브(24:25-27)에서 예수님은 제자들에게 성경 전반에 걸쳐 나온 모방폭력에 대해 자세히 설명해 주신다. 사실은 예수님의 죽음과 부활을 그저 해석해 주신 것뿐이다. 예수님은 많은 말씀을 하지 않으셨다. 그렇지만 그분은 문화에 짙게 깔린, 그래서 사탄이 주도하는 신화 같은 종교성의 폭력적 사이클을 고발하셨다. 역사 속에서 어떻게 제국들이 일어났고, 그 기득권을 유지하기 위해 어떻게 모방폭력적 죽음들이 일어났는지 설명하셨을 수 있다.

이에 모세와 모든 선지자의 글로 시작하여 모든 성경에 쓴 바, 자기에 관한 것을 자세히 설명하시니라(눅 24:27).

이런 예수님의 해석을 들은 후에 그들은 복수하기 위해 뛰쳐나가지 않았다. 제자들은 모방폭력을 당한 피해자들이 흔히 그렇듯이, 가해자들을 비방하거나 죽이거나 폭동 혹은 테러 같은 더 큰 모방폭력을 행사하거나 다른 힘없는 희생양을 찾아내는 등의 기존 행태를 밟지 않고 제3의 길을 선택했다. 그것이 예수님이 가신 길, 모방폭력을 끊어 낸 길이었고 그것이 예수님의 제자들이 걸었던 제3의 길이었다.

예수님은 신으로서 인간이 생각하지 못한 기막힌 모방폭력의 대안을 창작하신 것이 아니다. 예수님은 그저 지금 우리 주변에 모방폭력이 얼마나 만연해 있는지, 그것을 이용해 사탄이 어떻게 역사를 지배해 왔는지, 그러면 우리는 어떻게 제3의 길을 찾아야 할지를 단지 '내러티브(이야기)'로 설명해 주셨다. 제자들은 그 내러티브를 듣고 그들의 눈을 떠서(눅 24:31) 그 모방폭력을 보았고 그 힘을 경험했다("그들이 서로 말하되 … 우리에게 성경을 풀어 주실 때에 우리 속에서 마음이 뜨겁지 아니하더냐 하고" 눅 24:32). 그래서 제자들은 모방폭력을 만들어 내지 않고 다른 제자들에게 이 진실을 알리기 위해 모방폭력의 본진인 예루살렘, 아직 모방짝패와 만장일치의 린치가 가득한 예루살렘("그들이 놀라고 무서워하여" 눅 24:37)으로 '다시' 돌아갔다(눅 24:33).

이제 예수님은 모방폭력과 희생양 메커니즘의 상황에 놓여 있는 독자들을, 원망과 복수 대신 화해와 용서의 세계로 초대하신다. 이것은 예수님이 걸으셨던 길, 다 아시면서도 가신 '자기 죽음Intelligence victim'의 길이다. 자기 부인이다. 이러한 설명을 하신 후 '떡을 떼고 축사하신다'(눅 24:30). 그러므로 성만찬은 세상에 만연한 모방폭력을 극복하는 유일한 길이 자기희생과 자기 나눔이라는 것을 보여 주고 있다.

성만찬에서 보여 주신 제3의 길

예수님은 모방폭력을 막을 수 있는 유일한 길은 세상을 본받는 것이 아니라 바로 그분을 본받는 것이고 아버지를 본받는 것(요 17:21; 빌 3:17)이라고 말씀하신다.[7] 이 모방폭력과 희생양 시스템을 이기는 유일한 방법, 제3의 길은 '자기 죽음' 임을, 십자가에서 갈기갈기 찢기신 몸과 그 몸에 참여하는 성만찬적 삶뿐이라는 것을 보여 주신다.

알렉산더 슈메만이 설명하듯 "분명 성만찬은 희생제사다. 희생제사는 인간이 행하는 가장 자연스런 행위이며, 인간 삶의 정수다. 인간은 희생제사를 드리는 존재다. 왜냐하면 인간은 자신의 삶을 사랑 안에서 발견하는데, 사랑은 다름 아닌 희생이기 때문이다."[8] 예수님이 행하신 성만찬은 그분이 어떻게 인간의 모방폭력과 시스템을 전복시키는지 보여 주신 또 다른 해석이었다.

> 그들과 함께 음식 잡수실 때에 떡을 가지사 축사하시고 떼어
> 그들에게 주시니(눅 24:30).

제자들의 눈은, 무고한 희생자시요 모든 것을 아시면서 죽음의 길을 걸으신 예수님의 해석을 들은 후에 떠졌다. 그 삶이 어떤 것인지, 그분의 죽음이 어떤 것인지, 갈기갈기 찢겨져 남을 위해 죽는 것이 어떻게 진짜 이기는 것인지, 떡을 떼 주셨던 성만찬을 경험한 후에 떠졌다. 그들이 경험한 예수님의 내러티브의 결과는 세상의 원칙과 달랐다. 그들은 스승이신 예수님이 모방폭력으로 죽어 가는 것을 경험했지만, 기득권을 향해 어떻게 복수할지, 자리를 차지하고 더 약한 자를 희생양 삼아 자기들의 분을 어떻게 풀어낼지에 대해서는 관심 없었다.

그들은 세상이 제시하는 모방폭력의 삶을 살지 않았다. 예수님의 해석과 내러티브를 경험하고, 그 해석의 모델로써 성만찬을 경험한 후에 피 흘림 없는 변화를 체험했다. 이것이 예수님 말씀의 힘이요 내러티브의 상징인 성만찬의 힘이다.

엠마오로 가던 제자들은 예수님의 죽음을 모방폭력으로 희생당한 죽음으로 이해하고 있었다. 그러나 예수님을 만나 예수님의 내러티브를 경험한 후 자신들이 예수님의 죽음

을 어떻게 이해하고 있었는지 깨닫게 되었고, 복수와 폭동의 모방폭력적 이해가 아닌, 비폭력적 제3의 길을 걷게 되었다. 이 변화는 예수님이 성경의 곳곳을 설명하시고 역사 속에 이런 모방폭력이 얼마나 숨어 있었는지 보여 주셨기에, 자신 역시 이런 모방폭력 속에서 수난과 십자가와 부활의 시간을 보냈음을 보여 주셨기에, 마침내 이 땅에서 모방폭력을 종식시키기 위해 공생애 시간을 어떻게 보내셨는지 보여 주셨기에 가능한 변화였다. 뿐만 아니라 성만찬을 통해 '모든 것을 알고 죽는 것Intelligent victim', '모든 것을 알기에 드러내는 것Intelligent revealer' 그리고 '모든 것을 알기에 모든 것을 주는 것Intelligent giver'이 곧 세상을 이기는 길임을 제자들에게 알려 주셨다. 이러한 내러티브를 통한 변화를 경험한 제자들은, 복수나 또 다른 모방폭력으로 가지 않고 희생양 메커니즘의 메카인 예루살렘으로 돌아가서 다른 제자들을 변화의 삶으로 초청했다. 이것이 바로 내러티브(하나님 말씀, 이야기)의 힘이다.

소그룹 나눔을 위한 질문

1. 왜 제자들은 예수님의 죽음 이후에 엠마오로 내려가고 있었는가? 그들은 예루살렘에서 어떤 모방폭력을 경험했는가? 그들을 멈춰 세워서 모방폭력에 눈을 뜨게 하고 예루살렘으로 다시 돌아가게 한 힘은 무엇인가? 예수님의 이야기는 숨어 있는 무엇을 드러냈는가? 그리고 제자들을 어떻게 변화의 삶으로 초대했는가?

2. 성만찬은 예수님의 희생적 삶과 영원한 양식의 상징이다. 제자들은 성만찬을 경험한 후 모든 것을 아시면서 모든 것을 주시는 분을 만났다. 나는 성만찬을 통해 어떤 영적 경험을 하였는가? 나의 성만찬에 대해 나눠 보자.

12장

일상에서 만나는 내러티브

그렇다면 이런 내러티브의 힘, 즉 하나님 말씀을 일상에서 어떻게 경험할 수 있을까? 수시로 올라오는, 나도 모르는 나의 욕망을 어떻게 하나님의 말씀인 내러티브를 통해 알아차리고 멈출 수 있을까? 이런 삶의 변화를 가져오는 말씀을 어떻게 일상 속에서 경험할 수 있을까? 이 책을 갈무리하면서 제언하고자 하는 것은 일상에서의 내러티브 경험, 즉 '렉시오 디비나 *lectio divina*'로의 초대이다.

　믿음의 선배들은 성무일도聖務日禱[1]의 시간을 통해 하나님의 말씀(내러티브)을 경험했다. 말씀과 기도의 시간을 통해 하루의 모든 일이 거룩해지기를 사모했다. 이런 성무일도의 자세는 구약 여러 본문에 잘 나타나 있다. 그중 가장 강력한 본문은 느헤미야서 8장이라고 할 수 있다. 느헤미야는 포로기 후에 이스라엘 백성에게 잃어버린 하나님의 말씀을 읽어 주면서 대 회개 운동을 촉구했다. 하나님의 말씀인 내러티브를 경험하게 하고, 통회하는 마음을 쏟아 놓는 기도의 시간을 선포했다. 그것이 하나님의 말씀, 즉 하나님의 내러티브를 경험하는 렉시오 디비나의 원형이다.

신약 시대에 예수님의 제자들은 유대교 전통에 따라 말씀을 읽고 기도하는 시간을 가졌다. 터툴리안과 히폴리투스의 초기 교회 역시 이 전통을 존중하여 말씀과 기도의 시간을 하루에 여섯 차례(깨어난 때, 제3시(9시), 제6시(12시), 제9시(오후 3시), 잠들기 전, 자정) 가졌고, 수도원 전통과 종교 개혁 전통에서도 말씀으로 기도하는 시간을 이어 왔다.[2] 이렇듯 말씀으로 기도하는 것(렉시오 디비나)은 오래된 믿음의 유산이요, 삶 속에서 하나님의 말씀 즉 내러티브를 경험하는 방법이라 하겠다.

렉시오 디비나란 무엇인가

한국 교회 안에서 렉시오 디비나[3]는 이제 그리 생경한 단어가 아니다. 라틴어 '렉시오*lectio*'는 '읽다reading'라는 의미이고 '디비나*divina*'는 '거룩한divine'이라는 의미이다. 즉 렉시오 디비나는 '거룩한 읽기(독서)'를 뜻한다.

그러나 아직 많은 교회와 교인들은 렉시오 디비나를

QT(아침묵상)의 다른 표현으로 이해하여 현대에 생겨난 교회 내 대안적 프로그램으로 알고 있기도 하다. 사실 렉시오 디비나는 고대 사막의 수도자들에 의해 시작되었는데, 이 단어는 서방 수도자의 아버지로 불리는 베네딕트Benedict of Nursia, 480-547가 처음 사용하였다. 베네딕트는 그의 책《베네딕트 규칙서》48장에서, "게으름은 영혼의 적이다. 그러므로 형제들은 영성 깊은 독서lectio divina뿐만 아니라 육체 노동을 위한 구체적인 시간을 배정해야 한다"[4]라고 말하며, 렉시오 디비나를 처음 소개한다.

그 후 여전히 뚜렷한 형태를 갖추지 못했던 렉시오 디비나는 카르투시오회Carthusian Order의 귀고 2세에 의해 정형화된 틀을 갖추게 되었다. 귀고 2세의 생애에 대해 명확히 알려진 바는 없다. 프랑스 그르노블 근처에서 1084년 창설된 카르투시오회의 초기 회원 중 한 사람이었다는 것, 1173년 공동체의 책임자 자리에 있다가 제9대 원장으로 선출되었다는 것, 그리고 1180년 이 소임을 끝낸 후 1188년에 소천했다는 것 정도가 그에 관해 알 수 있는 전부이다. 그러나 확실한 것은 렉시오 디비나의 전체적인 윤곽이 그의 책《수도승의 사다리Ladder of Monks and Twelve Meditations》에 잘 소개되어 있다는 것이다.

귀고 2세는 이 책에서, 사다리 한 계단 한 계단을 밟고 올라가듯이 구도자들은 렉시오 디비나를 통해 하나님과의 일치를 향해 올라가야 한다고 말하며 그 과정을 네 단계로 설명하고 있다. 독서*lectio*, 묵상*meditatio*, 기도*oratio*, 일치*contemplatio*, 이 네 단계를 자세히 살펴보면 그가 말하는 렉시오 디비나에 대해 알 수 있다.

네 단계로 연합하기

먼저, **읽기***lectio*는 음식 먹는 것에 비유하자면 음식을 입에 넣는 단계이다. 귀고는 그의 책에서 다음과 같이 설명한다,

> 성경을 치밀하게 이해하기를 소망하면서, (이 독서의 단계에서는) 영혼이 달콤한 포도송이를 한 입 베어 물고 씹기 시작하는 단계이다. 마치 포도를 포도즙 짜개에 넣듯이 말이다. 이제 이 독서의 단계에서 (잠자고 있는) 지성의 모든 힘을 불러 일깨운다.[5]

이 읽기의 단계는 첫 번째 단계로, 주어진 본문을 아주 천천히, 여유롭게, 그러나 집중해서 읽는 단계이다. 정해진 말씀을 집중해서 여러 번 반복하여 읽는다. 침묵으로 조용히 읽기도 하고 소리를 내어서 음독하기도 한다. 처음 읽을 때는 본문 전체의 그림을 그려 보고, 두 번째 읽을 때는 배경과 분위기를 느껴 본다. 세 번째 읽을 때에는 내게 다가오는 한 단어에 집중해 본다.

두 번째로 **묵상**meditatio은 말씀 안에 숨겨진 진리를 찾기 위해 이성의 도움을 받아 행해지는 적극적인 단계이다. 이 단계를 음식 먹는 것에 비유하면, 음식을 입에 넣고 잘게 부수는 단계이다. 귀고는 이 단계를 이렇게 설명한다.

당신은 작은 포도알에서 얼마나 많은 즙이 나오는지, 작은 불꽃에서 얼마나 큰 불이 일어나는지 혹은 … 작은 '쇳조각'이 어떻게 두드려 펴져 새로운 차원을 얻게 되는지 아는가? 진실로 이것은 장인匠人의 손(묵상자의 영혼: 저자 주해)에서 더욱 훌륭하게 되는 것이다.[6]

이 단계는 첫 번째 단계와 함께 우리의 이성을 활용하는 단계이다. 즉 본문의 맥락과 상황을 이성을 통해 분석하는 단계이다. 본문에 질문을 던져도 좋다. "왜 이때 예수님은 이렇게 하셨을까?" "왜 제자들은 이렇게 반응했을까?" "왜 성경의 저자는 이 단어를 반복해서 사용할까?" "이 본문은 앞의 내러티브와 어떤 연관이 있을까?" 여러 각도로 본문을 분석하고, 멈춰서 그 내러티브가 내게 무엇이라 속삭이는지 듣는 시간을 갖는다. 오감을 열어 놓고 본문 앞에 가만히 있기를 추천한다. 감각을 열어 내가 이 본문을 어떻게 느끼고 있는지 집중하는 것도 좋다. 특별히 이 본문이 복음서라고 한다면, 거룩한 상상력을 이용해서 그 본문 안으로 들어가도 좋다. 제자가 되어 보기도 하고, 지나가는 환자가 되어 보기도 하고, 당시 그 유대 땅의 바람과 먼지를 느껴 봐도 좋다. 묵상의 단계에서는, 그런 상황에서 예수님의 표정과 음성이 내게 어떻게 다가오는지 자세히 관찰해 보는 기회를 얻을 수 있다.

성경을 통해 영성을 고취하는 해석학적 방법론을 마련한 샌드라 슈나이더스에 의하면, 이 묵상의 단계는 성경 본문을 내면화하는 단계로써 그것의 의미를 반추하거나 말 그대로 묵상하는 단계라고 소개한다. 더 나아가 슈나이더스는, 중세 성서 주석들은 영적 깊이나 풍부한 상상의 폭(넓이)을 가지면서 이 묵상의 단계에 독자를 초대하고 있다고 말한다. 이 단계에서는 성경 본문의 연구를 넘어서 독자가 자신만의 상황(삶과 경험)속에서 본문의 깊은 의미를 발견한다고 소개한다.[7]

세 번째로 **기도**oratio는 묵상에서 이어지는 자연스러운 반응으로, 독자가 성경 본문 안에서, 혹은 본문을 통해서 말씀하시는 하나님께 전적으로 나아가는 것이다. 앞의 두 단계(읽기와 묵상)에서는 우리의 이성을 활용해 능동적으로 하나님께 나아갔다면, 기도와 일치의 단계는 우리의 활동을 멈추고 하나님께 전적으로 의존하는 수동적 상태로 있는 것이다. 음식을 먹는 과정에 비유하자면, 그 음식의 맛에 빠져 있는 단계, 음미하며 즐기는 단계이다. 귀고는 이 단계에서 우리의 영혼은 우리 스스로 지성과 감성의 감미로움을 알 수 있는 방법이 없다고 단언하면서, 우리의 영혼은 겸손하게 그리고 철저히 기도에 의존해야만 한다고 강조한다. 결국 렉시오 디비나는 이 기도의 단계를 통해 절정으로 나아간다. 그는 이렇게 기도한다.

> 오 주님, 당신이 성경의 양식을 쪼개 주셔야만, 당신이 그 속에서 당신 자신을 내게 보여 주십니다. 그때 내가 더 당신을 보기 원할수록, 더욱 내가 당신을 보기를 사모할수록, 당신은 내게 성경의 글이 아닌, 그 껍데기의 의미가 아닌, 글 안에 숨겨 있는 의미로, 그 깊은 말씀 안으로 나를 인도하십니다.[8]

이 단계는 주님과의 대화를 위해 내 마음을 다 열어 놓는 시간이다. 즉 내 욕망과 갈망을 내려놓는 시간이다. 나를 끌고 다녔던 욕망의 엔진을 끄고 하나님을 기다리는 시간이다. 내 소리가 잠잠해질 때 하나님의 소리가 들리기 때문이다. 하나님의 소리, 그 내러티브가 마음에 가득 찰 수 있는 시간이다. 버릴 것을 버리고, 취할 것을 취할 수 있는 식별의 시간이다. 어떻게 하나님이 내게 다가오시는지 느낄 수 있는 시간이다. 주님을 만나는 시간이다.

마지막으로 **일치**contemplatio는 온 마음과 뜻을 하나님께 올려 드리고 그분에게 잠겨서 영원한 기쁨을 맛보는 것이다. 음식으로 비유하면, 음미한 음식이 나와 하나가 되는 것, 일치하는 시간이다. 음식이 완전히 부서져서 나와 하나가 되듯이 나의 모든 갈망이 부서지고 하나님과 하나가 되는 단계이다. 앞 단계의 깊이 있는 기도는 하나님과의 연합으로 인도하고, 그것이 바로 영적 삶의 꼭짓점이자 본질이 된다. 이 단계에서는 말씀을 연구하는 식의 시도, 즉 무엇인가 알아가는 모든 시도를 내려놓는다. 그리고 독서와 묵상과 기도의 단계에서 만난 하나님 안에 머물고 그분과 일치를 누리는 단계이다. 귀고는 이 일치의 단계에서 하나님이 다음과 같이 이끄신다고 말한다,

> 아주 달콤하고 감미로운 하늘의 이슬을 흩뿌려 주시고, 가장 고귀한 향수로 기름 부어 주시고, 지치고 지리한 영혼을 회복시켜 주시고, 갈급한 심령을 만족시켜 주시고, 배고픈 영혼을 먹여 주시고, 이 땅의 모든 염려를 잊게 하시고, 가장 좋은 방법으로 새로운 삶으로 이끄신다.[9]

슈나이더스 역시 이 일치의 단계를 "완전히 만개한 꽃으로서, 어떤 그림으로도 설명할 수 없는, 어떤 언어로도 표현할 수 없는 하나님과의 연합의 단계"라고 설명한다.[10]

결론적으로, 귀고는 이 네 단계가 분리된 개별적인 것이 아니라 서로 연결된 것이라고 강조한다. 그는 다음과 같이 서

로의 연관성을 설명하고 있다.

독서lectio는 이 모든 단계의 기본이며, 묵상을 위한 자료들을 제공한다. 묵상meditatio은 찾아야 할 것을 더 주의 깊게 고려하면서 숨겨진 보물들을 파내는 작업이다. 그러나 이 보물을 꺼내는 것은 묵상의 힘으로는 안 되며 이것은 기도의 힘이다. 기도oratio는 전심으로 기도 자체를 하나님께 올려 드리며 이 보물을 간구하는 것인데, 이 보물은 바로 하나됨의 감미로움The sweetness of contemplation이다. 일치contemplatio는 이전 세 단계의 상급으로, 하늘의 감미로움으로 갈망하는 영혼을 촉촉이 적시는 것이다."[11]

이렇게 귀고 2세는 고대로부터 내려온 렉시오 디비나를 사다리의 이미지로 전형화해서 각각의 단계가 어떻게 유기적으로 연결되었는지 보여 주었으며, 많은 구도자들을 말씀으로 초대하여 하나님과의 연합에 이르는 길을 설명한다. 말씀 안에 자신을 완전히 열어lectio, meditatio 말씀의 세계 안에서 기도 가운데 하나님을 만나고oratio, 그분 안에서 이전에는 맛보지 못한 기쁨을 경험하는 것contemplatio, 그래서 옛 삶을 벗고 새 삶으로 변화하는 것이야말로 신앙의 정수, 영성의 진수라 하겠다.

영혼의 친구 만나기

이런 렉시오 디비나의 만남을 지속할 수 있는 방법은, 소그룹 안에서 영혼의 친구들을 만나 진솔하게 나누는 것이다. 다윗이 경험했고, 엠마오로 가던 제자들이 경험했던 내러티브의 역동(이야기의 힘)을 소그룹 안에서 경험할 수 있다. 이때 나의 세계에 함몰되어 있던 내 욕망이 얼마나 무서운 야망이었는지, 얼마나 남의 것을 무턱대고 모방했던 것이었는지를 볼 수 있다. 그렇게 내러티브는 운동력이 있어서, 다윗에게 그리고 엠마오로 가던 제자들에게 말을 걸었던 것처럼 내게도 말을 건넨다.

영혼의 친구들과의 나눔은 하나님의 말씀이 된다. 그리스도인들의 소그룹에는, 그것이 구역이든, 셸이든, 순이든, 그 이름에 관계없이 나만의 작은 내러티브를 경험하는 나눔이 있어야 한다. 큰 교회에 출석하는 것이 중요한 것이 아니다. 애들교육을 잘 해 주는 교회, 매스컴에 나오는 유명한 목사님이 있는 교회에 다니는 것이 중요한 것이 아니다. 내 이야기를 나눌 수 있는 곳, 다른 사람의 이야기를 통해 하나님의 소리(내러티브)를 들을 수 있는 교회를 만나야 한다. 왜냐하면 그런 소리를 만날 때, 다윗과 제자들처럼 변화될 수 있기 때문이다.

예수님도 이런 소그룹을 중요하게 다루셨다. 예수님을 따르는 사람들이 5천 명, 4천 명이나 있었음에도 예수님은 따로 12명을 부르셨다. 12명을 또 3-4명, 혹은 최소 둘씩 소그룹으로 나눠서 다니게 하셨다. 그것은 소그룹 안에서 삶을 나눔으로써 내러티브의 힘을 경험하라는 것이다.

지금 나에게는 어떤 소그룹이 있는가? 내 이야기를 충분히 받아 주는 영적 지도자를 만나고 있는가? 그랬을 때 나는 어떤 경험을 하는가? 나는 소그룹에서 어떤 역할을 하고 있는가? 영적 지도와 소그룹의 역동은, 갈수록 개인화되어 가는 현대 시대에 더욱 요청되는 경험이다. 일상에서 이야기(내러티브)의 힘을 경험할 수 있는 렉시오 디비나의 방법을 소개한다. 현대인들이 날마다 30분씩만 집중하면 말씀을 통해 하나님을 경험할 수 있는 실제적인 방법이다.

---

* 침묵 (죄 고백과 은혜 구함)

1. 읽기*lectio* (본문 3번 읽기)
- 5분 침묵하며 다가오는 한 단어 잡기

2. 묵상*meditatio* (본문 1번 읽기)
- 5분 침묵하며 거룩한 상상력으로 한 인물 되어 보기

3. 기도*oratio*와 바라봄*contemplatio*
- 30분간 침묵하며 거룩한 상상력으로 본문 안으로 들어

가기. 하나님의 사랑 안에 머물고 그분만을 바라보기.

* 영성 일기 쓰기와 삶의 적용

책을 마무리하기 전에, 이 책의 처음 내용으로 돌아가 보고자 한다. 스스로에게 물어보자. '나는 내 갈망을 알아차리는가?' 그렇다면, 아주 건강한 것이다. 그 갈망 안에 머물러 어디서, 어떻게 그런 에너지가 생겼는지 성찰해 보자. '나는 내 갈망을 알아차리지 못하는가?' 그렇다면, 잠시 멈춰서 나를 살펴보자. 그렇게 머물러서 나를 보는 시간이 있다는 것 자체가 아주 건강한 모습이다.

문제는 대다수의 그리스도인들이 스스로에게 그렇게 묻지 않는다는 것이다. 자신이 무엇을 좋아하는지, 자기가 정말 하고 싶은 것이 무엇인지, 어떤 열망을 갖고 있는지 자신에게 물어보지 않는다. 그리고 지라르가 언급한 대로 남의 것을 모방하기 시작한다. 그러니 늘 긴장과 갈등이요 유형, 무형의 분쟁이 일어난다. 원망과 질투 그리고 모방폭력이 싹트기 시작한다.

힘 있는 자들의 기술이 들어가기 시작하면서 희생양 프로젝트가 진행되고 그로 인해 사회는 더욱 병들어 간다. 이제 사회는 평화스러운 듯 분노를 삼키며 울부짖는다. 우리는 성경의 인물들을 통해 어떻게 그들이 자신의 모방폭력과 짝패 작동으로 욕망을 분출시켰는지 보았다. 그 군상들은 나도 모르는 나의 모습이다. 내가 왜 그렇게 사는지 한 번도 물어보지 않은 채, 나도 남도 죽이면서 살아가고 있다.

그럼 어떻게 이 욕망의 회오리를 멈출 수 있을까? 어떻게 피의 전차를 멈출 수 있을까? 다윗이 경험했던 나단 이야기의 힘, 제자들이 경험했던 예수님 이야기의 힘, 바로 그 '내러티브의 파워'가 있어야 한다. 이야기는 어떤 힘보다도 강하다. 나단은 다시 피 흘리지 않고 다윗의 모방폭력을 끊어 냈다. 예수님은 제자들이 다시 역사 속의 유대인들처럼 폭력의 길로 가지 않도록 이야기로 그들을 변화시키셨다.

우리가 살아가는 21세기는 더욱 폭력적으로 변하고 있다. 이러한 때에 그리스도인들은 어떻게 설 수 있을까? 자신의 참 갈망을 찾지 못해 모방욕망의 먹잇감을 찾아 헤매는 포식자와 같은 현대인들, 그들과 다름없는 우리는 어떻게 변화될 수 있을까? 멈춰 서서 '렉시오 디비나'의 시간을 통해 하나님의 내러티브(말씀)를 경험하면 된다. 그리고 소그룹에서의 거룩한 나눔을 통해 내러티브를 확인하면 된다. 이런 직·간접적 말씀의 역동이 있어야, 피와 복수, 질투와 원한(르쌍티망)으로 이어지는 피 흘림의 구조 속에서도 더 이상 서로를 죽이는 린치 없이, 변화하고 변화시키는 영혼의 사람이 되는 것이다. 그렇게 '영혼의 동반자(아남카라)'를 찾자.

사랑을 통해 일단 영혼이 눈을 뜨면 추구가 시작된다. 이제 그대는 결코 이전의 삶으로 돌아갈 수가 없다. 그때부터 그대는 특별한 갈망으로 타오를 것이고, 다시는 자기만족이나 부분적인 성취라는 낮은 땅에서 배회하지 않을 것이다. 사랑의 영원성은 그대를 더욱 절실하게 만든다. 그대는 적당히 타협하지 않을 것이고, 위험하다는 이유로 완전한 성취의 꼭대기에 이르려고 노력을 멈추지도 않을 것이다. 이 영적인 길이 열릴 때, 그대는 다른 사람들의 삶에 믿을 수 없을 만큼 자비로워질 것이다.[12]

소그룹 나눔을 위한 질문

1. 다윗의 모방폭력을 끊은 나단의 내러티브(삼하 12장)처럼, 제자들의 모방폭력을 끊은 예수님의 내러티브(눅 24장)처럼, 내가 일상에서 경험한 하나님의 내러티브(말씀)가 있는가? 언제, 어떻게 하나님의 내러티브(말씀)를 경험하는가?

2. 일상에서 짧게 시간을 내어 경험하는 '렉시오 디비나'는 어떻게 내 삶을 바꾸고 있는가? 그 경험을 나누자. 또한 그런 공동체가 있는가? 일상에서 멈춰서 모방욕망이 아닌 내 진정한 갈망을 찾는 시간을 가져 보자. 그리고 모방욕망이 아닌, 참 갈망의 길로 인도하는 소그룹의 힘이 무엇일지 고민해 보자.

주 註

프롤로그

1. 존 오도나휴, 류시화 역,《영혼의 동반자》(이끌리오, 2005), p.89

서문

1. Sandra M. Schneiders, "Approaches to the Study of Christian Spirituality", in *The Blackwell Companion to Christian Spirituality*, ed. Arthur Holder(Oxford: Malden, MA: Blackwell Publishers, 2005), p.16
2. 이종태, "기독교 영성, 영성 형성, 영성 훈련",《오늘부터 시작하는 영성 훈련》(두란노서원, 2017), p.18
3. 박총,《내 삶을 바꾼 한 구절》(비아토르, 2017), p.103 영성을 향유로 풀어내는 개념은 박총의 글의 영향이다. 박총은 우리의 신앙이 원죄에 근거한 속죄론에 경도된 것을 아쉬워하며, 원복에 근거한 축제와 향유의 신앙 회복을 강조하고 있다.
4. "이 향유를 어찌하여 삼백 데나리온에 팔아 가난한 자들에게 주지 아니하였느냐 하니"(요 12:5).

5. "It was worth a year's wages"(John 12:6).

6. "예수께서 베다니 나병환자 시몬의 집에 계실 때에"(마 26:6).

7. '거진이진'의 영성 개념은 박총의 '향유' 강의에서 영감을 받아 풀어낸 것임을 밝힌다.

8. 브레넌 매닝, 윤종석 역, 《아바를 사랑한 아이》(복있는사람, 2007), p.87

9. 감탄이라는 영어 단어 'amaze'는 미로라는 'maze'에 부정 접두사 'a'가 붙어서 생긴 것처럼 보인다. 즉 감탄(amaze)하는 삶은 미로(maze)처럼 한탄하는 삶을 거부(a-)하는 것으로 해석할 수 있다.

10. '궁방'이라는 단어는 아빌라의 테레사가 그녀의 책 《영혼의 성》에서 기도의 의미를 설명할 때 사용한 개념이다. 테레사는 영혼의 깊은 곳을 7개의 궁방으로 나누어 이 궁방으로 들어가기 위해서는 기도의 힘이 절대적으로 필요함을 강조했다. 참고: 아빌라의 테레사, 최민순 역, 《영혼의 성》(바오로딸, 1993).

11. 미로(迷路, maze)가 들어가면 나오는 출구를 잘 찾지 못하는 길이라면, 비로(秘路, labyrinth)는 들어가서 걸을 때마다 나도 모르게 중심(예수 그리스도)으로 향하는 신비의 길이다. 그림 출처: https://www.red-doors.com/what-is-labyrinth

12. 이런 흐름을 더 깊게 알고자 한다면, 필자의 단행본 《멈춤》(동연, 2021)을 추천한다. 멈춰서 자기를 직면하고 성찰하는 영성 훈련(의식 성찰)을 소개하고 있다. 의식 성찰은 하루를 성찰하면서 자연스레 기도로 이어가는 영성 훈련이다.

1부

1장

1. 사도행전 7장 2-3절에서 스데반은 아브라함이 하나님의 명령을 들었던 곳은 하란이 아니고 메소포타미아라고 설명한다. "우리 조상 아브라함이 하란에 있기 전 메소보다미아에 있을 때에 영광의 하나님이 그에게 보여, 이르시되 네 고향과 친척을 떠나 내가 네게 보일 땅으로 가라 하시니."

2. 히브리어로 데라의 아들 '하란'과 지역 이름 '하란'의 알파벳은 다르다. 그러나 독자 입장에서는 사람 '하란'('헤'의 ㅎ)과 지역 '하란'('헤트'의 ㅎ)의 발음을 언어유희의 관점으로 볼 수 있다.

3. "그러므로 아브람의 가축의 목자와 롯의 가축의 목자가 서로 다투고…"(창 13:7).

4. "네 앞에 온 땅이 있지 아니하냐. 나를 떠나가라. 네가 좌하면 나는 우하고 네가 우하면 나는 좌하리라"(창 13:9).

5. 정일권, 《질투사회: 르네 지라르와 정치경제학》(CLC, 2019), p.218

6. 같은 책, p.547

7. 2장에서 '모방욕망'과 '모방폭력'을 잘 설명한 르네 지라르의 이론을 좀 더 세밀히 다루겠다.

8. Francis. Brown, *A Hebrew and English Lexicon of the Old Testament: With an Appendix, Containing the Biblical Aramaic[BDB]*, (Oxford: Clarendon Press, 1979), p.716

9. 이러한 예수님의 십자가 승리에 대해서는 책 전반에 걸쳐서 다루고 있다.

2장

1. 르네 지라르 이론을 연구하는 후학들(the next generation of Girardian scholars)을 '지라리안'(Girardian)이라 부르는데, 이 지라리안의 연구는 신학 내 많은 분야에서도 진행되었다. 마크 월러스(Mark Wallace)는 포스트모던 성서주의와 동시대 신학을 위한 르네 지라르의 도전에 대해 연구했으며, 제임스 윌리엄(James William)의 성경 내 폭력에 관한 연구는 지라르의 영향을 매우 많이 받았다. 로버트 해머튼 켈리(Robert Hamerton-Kelly)는 마가복음을 해석하는 데 지라르의 모방욕망 이론을 사용했으며, 샌도르 굿하트(Sandor Goodhart)는 레이몬드 슈바거(Raymund Schwager)와의 유대-크리스천 논쟁에서 유대인의 관점을 얘기할 때 이 이론의 도움을 받았다. 질 배일리(Gil Bailie)의 연구는, 모방욕망적 성서 읽기에 있어서 동시대 미국인들을 문화적으로 해석하려는 노력이 담겨 있다. 참고, Michael Kirwan, *Girard and Theology* (London: T&T, 2009), p.81

2. 르네 지라르, 김진석 역,《나는 사탄이 번개처럼 떨어지는 것을 본다》(문학과지성사, 2004), p.38

3. 한스 부르스마, 윤성현 역,《십자가, 폭력인가 환대인가: 포스트모던시대의 개혁주의 속죄론》(CLC, 2014), p.242

4. 오지훈,《희생되는 진리: 르네 지라르와 무라카미 하루키, 기독교를 옹호하다》(홍성사, 2017), p.145

5. 월터 윙크, 한성수 역,《사탄의 체제와 예수의 비폭력: 지배체제 속의 악령들에 대한 분별과 저항》(한국기독교연구소, 2004), p.278

6. 오지훈, 《희생되는 진리》, p.145

7. 한스 부르스마, 《십자가, 폭력인가 환대인가》, p.242

8. 같은 책, p.242.

9. 월터 윙크, 《사탄의 체제와 예수의 비폭력》, p.278

10. 같은 책, p.279

11. 한스 부르스마, 《십자가, 폭력인가 환대인가》, p.243

12. 르네 지라르, 《나는 사탄이 번개처럼 떨어지는 것을 본다》, p.15

13. 같은 책, p.54

14. 오지훈, 《희생되는 진리》, p.149

15. Girard, *Scapegoats*, p.100. 월터 윙크, 《사탄의 체제와 예수의 비폭력》, p.279에서 재인용.

16. 신화(myth)라는 단어와 음소거(mute)라는 단어는 같은 어근에서 파생되었다고 컬완은 주장한다. Michael Kirwan, *Discovering Girard* (Lanham, MD: Cowley Publications, 2005), p.63

17. 월터 윙크, 《사탄의 체제와 예수의 비폭력》, p.281

18. 미로슬라브 볼프, 박세혁 역, 강영안 해설, 《배제와 포용》(IVP, 2012), p.143

19. Michael Kirwan, *Discovering Girard*, p.63

20. 같은 책, p.63

21. Raymund Schwager, *Must There Be Scapegoats?: Violence and Redemption in the Bible*, trans. Maria L. Assad (Leominster, England: Gracewing, 2000), p.107

22. 르네 지라르, 《나는 사탄이 번개처럼 떨어지는 것을 본다》, p.14

23. 같은 책, p.16

2부

3장

1. "믿음으로 아벨은 가인보다 더 나은 제사를 하나님께 드림으로 의로운 자라 하시는 증거를 얻었으니 하나님이 그 예물에 대하여 증언하심이라. 그가 죽었으나 그 믿음으로써 지금도 말하느니라"(히 11:4).

2. "네가 흙으로 돌아갈 때까지 얼굴에 땀을 흘려야 먹을 것을 먹으리니…"(창 3:19).

3. 르네 지라르, 《나는 사탄이 번개처럼 떨어지는 것을 본다》, p.51

4. 사탄은 아담과 하와를 찾아가 하나님을 모방하게 한다. 하나님을 대상으로 모방욕망을 갖게 한다. 이것이 사탄의 정체다. 사람들을 경쟁시키고 사람 안에 숨은 모방욕망을 자극해서 걸려 넘어지게 한다. 사탄의 접근은 이러했다. "뱀이 여자에게 이르되 너희가 결코 죽지 아니하리라. 너희가 그것을 먹는 날에는 너희 눈이 밝아져 하나님과 같이 되어 선악을 알 줄 하나님이 아심이니라"(창 3:4-5).

5. 십계명 안에서 하나님의 염려를 발견한 지라르의 통찰은 대단하다. 그의 연구를 빌려 요약, 정리하는 것이 도움이 되겠다. 르네 지라르, 《나는 사탄이 번개처럼 떨어지는 것을 본다》, pp.19-33

6. 같은 책, p.22

7. 같은 책, p.25

4장

1. D. J. Wiseman, 김의원·나용화 역, "도마"《새성경사전》(기독교문서선교회, 1996), p.340

2. 르네 지라르, 이영훈 역, 《지라르와 성서 읽기》(대장간, 2017), p.91

3. 합환채(mandrake plants)는 성경에서 창세기 30장과 아가서 ("합환채가 향기를 뿜어내고" 7:13)에 두 번 나오는데, 남성의 힘을 더해 주고 불임 여성의 자궁을 여는 데 도움이 되었으며, 모양과 자극적인 향 때문에 다산(多産) 의식에서 사용되거나 최음제로 사용되었을 것으로 추측한다. 참고: 존 월튼 외 2명, 정옥배 외 역, "합환채"《성경 배경 주석: 구약》(IVP, 2001), p.86

4. 김경진, "창세기 강해", 새벽기도회, 2020년 5월 8일.

5장

1. 오지훈, 《희생되는 진리》, p.134

2. "야곱의 족보는 이러하니라. 요셉이 십칠 세의 소년으로서 그의 형들과 함께 양을 칠 때에 그의 아버지의 아내들 빌하와 실바의 아들들과 더불어 함께 있었더니 그가 그들의 잘못을 아버지에게 말하더라"(창 37:2).

3. "요셉이 애굽 왕 바로 앞에 설 때에 삼십 세라. 그가 바로 앞을 떠나 애굽 온 땅을 순찰하니"(창 41:46).

4. "삼 일을 가두었더라"(창 42:17).

6장

1. 움베르트 에코, 이윤기 역,《장미의 이름》(상, 하)(열린책들, 1986)

7장

1. "여섯째로 오셈과 일곱째로 다윗을 낳았으며 그들의 자매는 스루야와 아비가일이라. 스루야의 아들은 아비새와 요압과 아사헬 삼형제요"(대상 2:15-16).
2. Robert Alter, *The David Story: A Translation with Commentary of 1 and 2 Samuel* (New York: W. W. Norton and Co., 2000), p.253

8장

1. "… 유다의 왕 여호야긴을 옥에서 내놓아 그 머리를 들게 하고 그에게 좋게 말하고 그의 지위를 바벨론에 그와 함께 있는 모든 왕의 지위보다 높이고 그 죄수의 의복을 벗게 하고 그의 일평생에 항상 왕의 앞에서 양식을 먹게 하였고 그가 쓸 것은 날마다 왕에게서 받는 양이 있어서 종신토록 끊이지 아니하였더라"(왕하 25:27b-30).
2. Robert R. Wilson, "The Community of the Second Isaiah", in *Reading and Preaching the Book of Isaiah*, ed. Christopher R. Seitz (Philadelphia: Fortress Press, 1988), p.55
3. 이경희,"Biblical Spirituality Pursuing Transformation with Deutero-Isaiah (52:13-32:12)"〈신학논총〉(Korean Journal of Christian Studies), vol.109(2018), p.225
4. 요세푸스, 김지찬 역,《유대고대사 I》10권 7장, (생명의 말씀사, 1987), p.637
5. 같은 책, p.646
6. 이경희, "Biblical Spirituality Pursuing Transformation with Deutero-Isaiah (52:13-32:12)", p.232
7. Robert R. Wilson, "The Community of the Second Isaiah", pp.58-59
8. 이경희, "Biblical Spirituality Pursuing Transformation with Deutero-Isaiah (52:13-32:12)", p.234

9장

1. 이번 장은 〈신학과 실천〉 제78호(2022년 2월) 207-220쪽에 실린 글을 편집,

수정하였다.

2. Michael Kirwan, *Discovering Girard*, p.7

3. 월터 윙크, 《사탄의 체제와 예수의 비폭력》, p.323

4. Gustaf Aulén, Christus Victor, *An Historical Study of the Three Main Types of the Idea of Atonement*, American ed. (New York: Macmillan, 1951), p.12

5. 같은 책, p.49

6. Ivana Noble, "The Gift of Redemption : Vladmir Lossky and Raymund Schwager on Anselm of Canterbury", *Communio Viatorum 52, no.1*(2010), p.48

7. James Alison, *The Joy of Being Wrong: Original Sin through Easter Eyes* (New York: Crossroad Publishing, 1998), p.7

8. J. Patout Burns, "Concept of Satisfaction in Medieval Redemption Theory", *Theological Studies 36, no.2*(June 1975), p.286

9. Ted Peters, *God-The World's Future: Systematic Theology for a Postmodern Era* (Mineapolis: Fortress Press, 1992). pp.222-223

10. Ivana Noble, "The Gift of Redemption", p.49

11. Michael Kirwan, "Being Saved from Salvation: René Girard and the Victims of Religion", *Communio Viatorum 52, no.1*(January 1, 2010), p.34

12. 같은 책, p.36

13. Mark Heim, *Saved from Sacrifice: A Theology of the Cross*,(Grand Rapids: William B. Eerdmans, 2006), p.293

14. 같은 책, p.300

15. Anselm, *Why God Became Man, and The Virgin Conception and Original Sin* (Albany, NY: Magi Books, 1969), p.77

16. 르네 지라르, 《나는 사탄이 번개처럼 떨어지는 것을 본다》, p.54

17. René Girard, *I See Satan Fall like Lightening*, trans. James G. Williams (Maryknoll, NY: Orbis Books, 2001), p.87

18. René Girard, *The Girard Reader*, ed. James G. Williams (NY: Crossroad Herder, 1996), p.178

19. Mark Heim, *Saved from Sacrifice*, p.300

20. 한스 부르스마, 《십자가, 폭력인가 환대인가》, p.81

21. Raymund Schwager, *Must There Be Scapegoats?*, p.217

22. 같은 책, p.218

23. 한스 부르스마, 《십자가, 폭력인가 환대인가》, p.248

24. Mark Heim, *Saved from Sacrifice*, p.306

25. Raymund Schwager, *Must There Be Scapegoats?*, p.67

26. 월터 윙크, 《사탄의 체제와 예수의 비폭력》, p.285

27. James Alison, *Knowing Jesus* (Springfield, IL: Templegate Publishers, 1994), p.48

28. 같은 책, p.48

29. 한스 부르스마, 《십자가, 폭력인가 환대인가》, p.260

30. Mark Heim, *Saved from Sacrifice*, pp.301-302.

31. Ivana Noble, "The Gift of Redemption", p.61

32. Michael Kirwan, "Being Saved from Salvation", p.29

33. Michael Kirwan, *Discovering Girard*, p.39

34. Sandra Schneiders, "The Lamb of God and the Forgiveness of Sin(s) in the Fourth Gospel", *Catholic Biblical Quarterly 73, no. 1* (January 1, 2011), p.13

35. Mark Heim, *Saved from Sacrifice*, p.304

3부

10장

1. 이번 장은 〈장신논단〉 52호(2020년 3월) 175-200쪽에 실린 글을 편집, 수정하였다.

2. René Girard, *I See Satan Fall Like Lightning*, p.28

3. 이 글에서는 언급하지 않겠지만, 지라르 모방이론의 클라이맥스는 예수님의 십자가이다. 아래의 책과 논문들에는 이에 대한 자세한 설명이 실려 있다. 르네 지라르, 김진식 역, 《나는 사탄이 번개처럼 떨어지는 것을 본다》(문학과 지성사, 1999); 라이문트 슈바거, 손희송 역, 《희생양은 필요한가?》(가톨릭대학교출판부, 2009); 백형수, "르네 지라르의 희생양 메커니즘에 관한 연구", 종교문화학보 14 (2017. 12), pp.103-124

4. 컬완은 순전한 희생자의 중요한 특징 중 하나는, 복수를 위해 어떤 기도도 하지 않는다는 것이다. "제2이사야 어떤 본문에도 그의 원수들을 향한 복수의 기도는 발견할 수 없다", 참고, Michael Kirwan, *Discovering Girard*, p.76

5. 유해룡, 《하나님 체험과 영성수련》(장로회신학대학교출판부, 1999), p.18

6. 김진식, "르네 지라르의 모방이론-욕망, 모방, 경쟁 그리고 자아", 〈문학과 사회〉 29(1)(2016, 3), p.405

11장

1. 이번 장은 〈신학과 실천〉 제78호(2022년 2월) 220-232쪽에 실린 글을 편집, 수정하였다.
2. 르네 지라르, 《나는 사탄이 번개처럼 떨어지는 것을 본다》, p.181
3. 한스 부르스마, 《십자가, 폭력인가 환대인가》, p.249
4. "이르시되 무슨 일이냐 이르되 나사렛 예수의 일이니 그는 하나님과 모든 백성 앞에서 말과 일에 능하신 선지자이거늘 우리 대제사장들과 관리들이 사형 판결에 넘겨주어 십자가에 못 박았느니라"(눅 24:19-20).
5. James Alison, *Knowing Jesus*, p.37
6. "곧 그때로 일어나 예루살렘에 돌아가 보니 열한 제자 및 그들과 함께 한 자들이 모여 있어 말하기를 주께서 과연 살아나시고 시몬에게 보이셨다 하는지라. 두 사람도 길에서 된 일과 예수께서 떡을 떼심으로 자기들에게 알려지신 것을 말하더라"(눅 24:33-35).
7. René Girard, *The Girard Reader*, p.63
8. 알렉산더 슈메만, 이종태 역, 《세상에 생명을 주는 예배》(복있는사람, 2008), p.49

12장

1. 우리가 살아가는 모든 삶이 성스러워지기 위해, 그 일을 하기 전에 시간을 정해 놓고 하는 기도
2. 유해룡, "말씀으로 기도하기", 〈2021년 8월 포이메네스 영성수련〉, pp.14-15
3. 이 글은 〈목회와 신학〉 2015년 6월호에 실린 글 "렉시오 디비나를 통한 영성 목회⑥"을 수정, 보완하였다.
4. Benedictus, 권혁일, 김재현 번역, 《베네딕트의 규칙서》(KIATS, 2011), p.91
5. Guigo II, *Ladder of Monks and Twelve Meditations*, trans. Edmund Colledge, O.S.A. and James Walsh, S.J, (Kalamazoo, MI: Cistercian Publication, 1981), p.69
6. 허성준, 《수도 전통에 따른 렉시오 디비나》(분도출판사, 2003), 199-200쪽에 실린 부록 "귀고 2세, 《수도승의 사다리》"에서 인용했다.
7. Sandra Schneiders, "Biblical Spirituality," *Interpretation 56, no.2* (April 1, 2002), p.140
8. Guigo II, *Ladder of Monks and Twelve Meditations*, p.73
9. 같은 책, p.74

10. Sandra Schneiders, "Biblical Spirituality", p.140

11. Guigo II, *Ladder of Monks and Twelve Meditations*, p.79

12. 존 오도나휴, 류시화 역, 《영혼의 동반자》(이글리오, 1997), p.22

욕망과 영성: 르네 지라르, 성경, 기독교 영성

이경희 지음

2023년 1월 25일 초판 1쇄 발행

펴낸이 김도완
등록 제2021-000048호
　　 (2017년 2월 1일)
전화 02-929-1732
전자우편 viator@homoviator.co.kr

펴낸곳 비아토르
주소 서울시 종로구 삼일대로 428, 500-26호
　　 (우편번호 03140)
팩스 02-928-4229

편집 김현정
제작 제이오

디자인 김진성
인쇄 (주)민언프린팅

제본 다온바인텍

ISBN 979-11-91851-66-3 03230

저작권자 © 비아토르, 2023